43, quai de Grenelle, 75905 Paris Cedex 15

Direction : Catherine Saunier-Talec
Responsable éditoriale : Anne Le Meur
Édition : Caroline Terral
Responsable artistique : Antoine Béon
Couverture : Nicole Dassonville
Mise en Page : Nord Compo
Fabrication : Amélie Latsch
Partenariats : Sophie Morier (smorier@hachette-livre.fr)

ILLUSIONS D'OPTIQUE

COGNITIVES

DISTORDANTES

ARTISTIQUES

GÉOMÉTRIQUES

hachette
LOISIRS

Sommaire

Petite histoire des illusions d'optique p. 6

Illusions géométriques p. 8

llusions distordantes p. 52

Illusions cognitives p. 100

Illusions artistiques p. 148

Qu'est-ce qu'une illusion d'optique ?

Une illusion est une apparence trompeuse qui provoque une perception erronée d'un objet ou d'un phénomène. Une illusion d'optique, en particulier, trompe le système visuel qui a ainsi une perception déformée de la réalité. Ce phénomène est étroitement lié à l'interprétation du stimulus visuel par notre cerveau. Des facteurs subjectifs, comme les expériences passées, les particularités culturelles et les perceptions acquises ainsi que la prédisposition à accueillir certaines informations, jouent un rôle important dans ce phénomène.

Petite Histoire des illusions d'optique

Étymologiquement le mot « illusion » comporte la racine latine *Ludus*, qui signifie jeu. C'est donc du *Ludus* que découle « illusion » au sens de « faire entrer dans le jeu, prendre au jeu ».
Les illusions d'optique suscitent depuis toujours un intérêt sans cesse renouvelé. Au XIVe siècle déjà, des peintres florentins mettent en pratique les théories du mathématicien grec Euclide (IIIe siècle av J.-C.), concernant le point de fuite et créent les effets de perspective. Raphaël, Michel Ange, Léonard de Vinci ou Piero della Francesca, en sont les plus illustres utilisateurs.
Mais c'est au cours de la moitié du XIXe siècle, que des pionniers tels Delbœuf, Hering et Müller-Lyer ont découvert une grande variété d'illusions dites optico-géométriques auxquelles ils ont laissé leur nom.

illusions géométriques

Les illusions géométriques donnent lieux à des erreurs d'interprétations, d'estimation, de direction ou de dimension. Comme leur nom l'indique, elles apparaissent par le biais de figures géométriques.

La majeure partie des illusions classiques a été découverte au cours de la seconde moitié du XIXe siècle. Des pionniers de la psychologie expérimentale, comme Delbœuf, Hering, Müller-Lyer ont découvert une grande variété d'illusions dites optico-géométriques auxquelles ils ont laissé leur nom.

Pierre angulaire

Cette figure peut être interprétée de deux manières.

Il manque un coin à ce grand cube. Mais en y regardant de plus près, vous constatez que l'on peut interpréter l'image différemment : voyez-vous le petit cube se détacher au premier plan, devant le grand ?

Plus grand que

Bien que ces formes semblent de taille différente, elles sont absolument identiques.

Cette illusion d'optique classique est connue depuis plus d'un siècle comme « l'illusion de Wundt », en hommage à Wilhelm Wundt (1832-1920), psychologue allemand.

Tout est relatif

Quel est le plus grand rond central ?

Ils sont tous deux de la même taille, bien que celui du haut semble plus grand. Cela est dû au fait qu'il est plus grand que les ronds qui l'entourent.
Le principe de l'illusion de Titchener ou de l'illusion de Delbœuf est simple : si vous voulez paraître plus grand, allez-vous vous placer à côté d'une personne plus petite, plus grande ou de même taille ? À côté d'un faire-valoir plus petit, bien sûr !

Cubes

Combien de cubes comptez-vous : six ou sept ?

Les deux réponses sont justes ! Une petite astuce : la lumière vient-elle d'en haut ou d'en bas ? Le nombre de cubes dépend, en effet, de l'orientation de la lumière. C'est plus évident si vous retournez la carte. Comme nous sommes davantage habitués à une lumière venant d'en haut, l'interprétation de l'image est plus simple dans ce sens.

L'étoile cachée

Trouvez l'étoile qui se cache parmi toutes ces lignes.

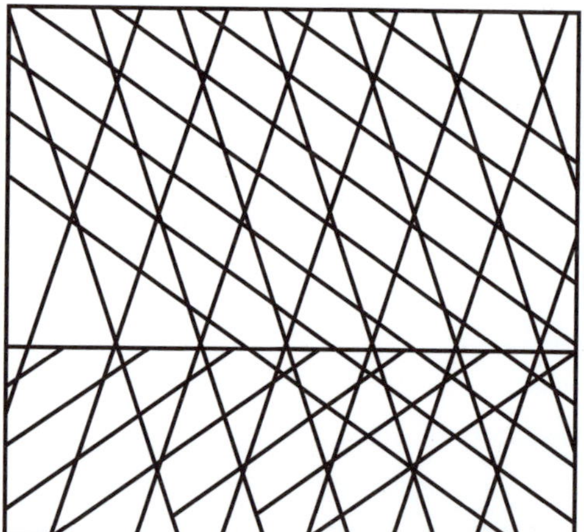

Étant donné les nombreuses surfaces différentes dans la toile de lignes, il n'est pas facile de trouver le motif recherché. Pour vous aider un peu, l'étoile se trouve en bas à droite.

Sommet

Laquelle de ces deux lignes est la plus longue ?

Au premier coup d'œil, il semble clair que la ligne verticale est plus longue que la ligne oblique. Si vous imaginez toutefois la ligne oblique redressée en position verticale, vous constatez qu'elle est en fait aussi longue que la ligne verticale. Les deux lignes sont donc de la même longueur.

Le cube magique

Hexagone ou cube ?

Cela peut être les deux ! Notre habitude de voir en perspective et notre connaissance des propriétés du cube nous font deviner un cube en trois dimensions dans ce dessin à deux dimensions.

Arcs de cercle

Quel arc fait partie du cercle le plus grand ?

Les deux ! Ils présentent en effet la même courbure. Pour vous en convaincre, prenez deux feuilles et placez-les de part et d'autre des arcs de cercle, en les recouvrant légèrement.

Quel est le plus grand cercle ?

Quel arc de cercle appartient au plus grand cercle ?

Si l'on cache le haut et le bas des deux plus grands arcs de cercle, de telle sorte que les trois arcs de cercle soient identiques, on s'aperçoit alors que tous ces arcs appartiennent à des cercles de la même taille.

Deux cubes

Que voyez-vous ?

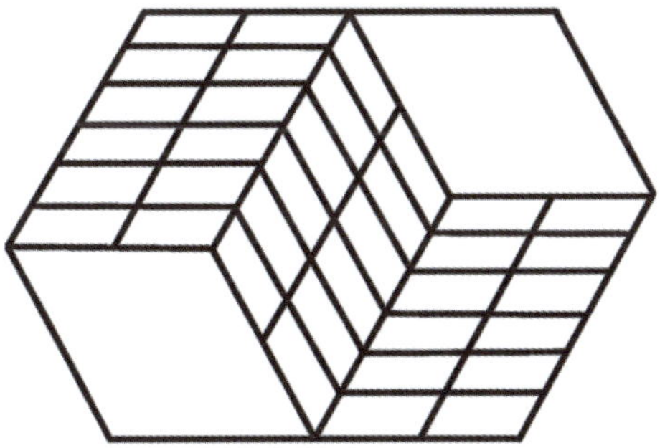

Si l'on regarde le dessin à partir de la gauche, on voit un cube qui bascule vers l'arrière et la droite, alors que si on l'observe à partir de la droite, le cube bascule vers l'avant et la droite.

Quelle est la plus longue ?

Laquelle de ces deux lignes est la plus longue ?

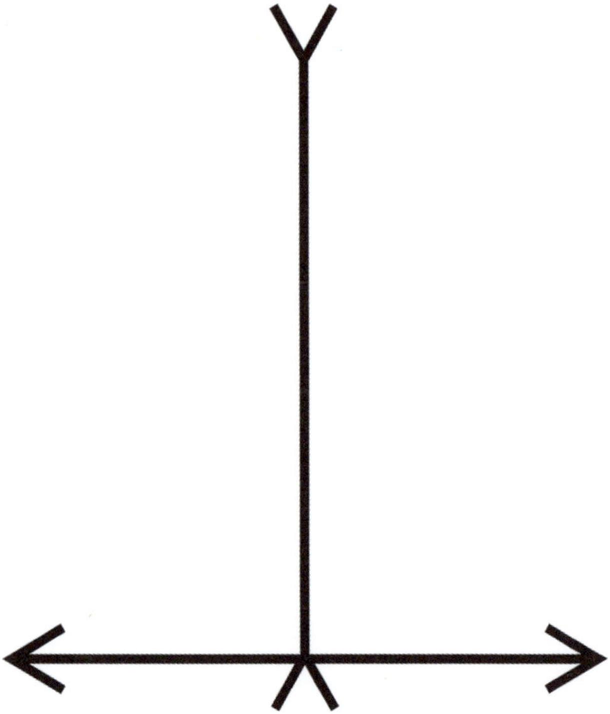

Les deux lignes ont la même longueur. Toutefois, la ligne verticale semble plus longue, tout simplement parce que nos yeux bougent plus facilement de gauche à droite que de haut en bas. Le plus gros effort, c'est-à-dire bouger l'œil verticalement, est interprété par notre cerveau comme une plus grande distance. L'architecture tire avantage de cet effet dans de nombreux domaines.

Combien d'angles droits ?

**Contrairement aux impressions,
cette figure ne possède aucun angle droit.**

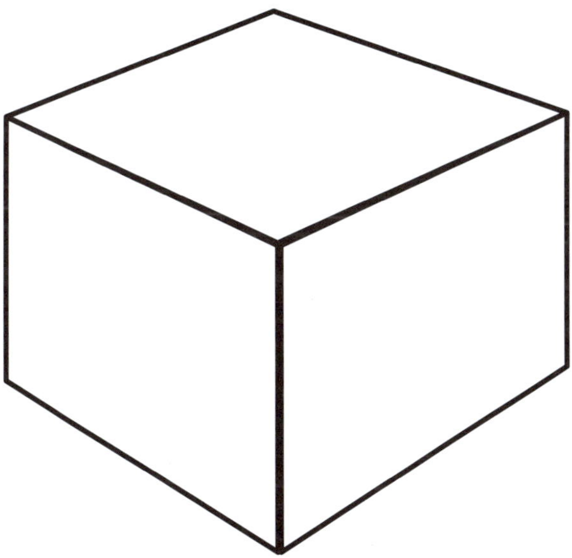

Ne serait-ce donc pas un cube ? De fait, ce ne sont que trois parallélogrammes assemblés. Parce que nous avons appris que les cubes sont composés de carrés et que ces derniers possèdent toujours un angle droit, nous en voyons là où il n'y en a pas.

Lequel est un carré ?

Quelle figure est un carré parfait ?

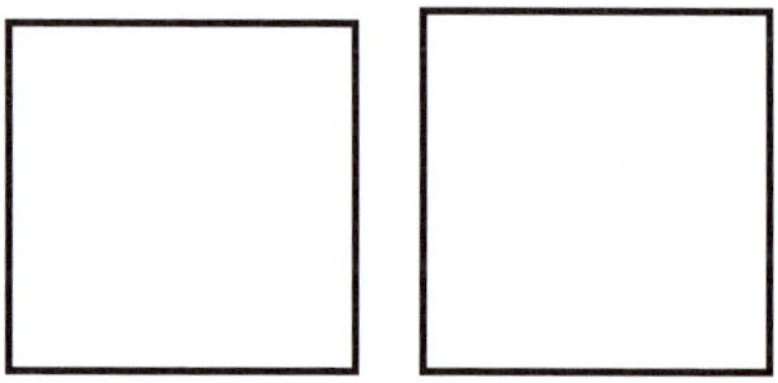

Figure A Figure B

Bien que la plupart des gens répondent « figure A », il s'agit de la B. De fait, nous surestimons inconsciemment la longueur des lignes verticales. Nous voyons donc le carré B plus haut qu'il ne l'est réellement, alors que la figure A nous semble être un carré parfait.

Lignes parallèles

Que voyez-vous ?

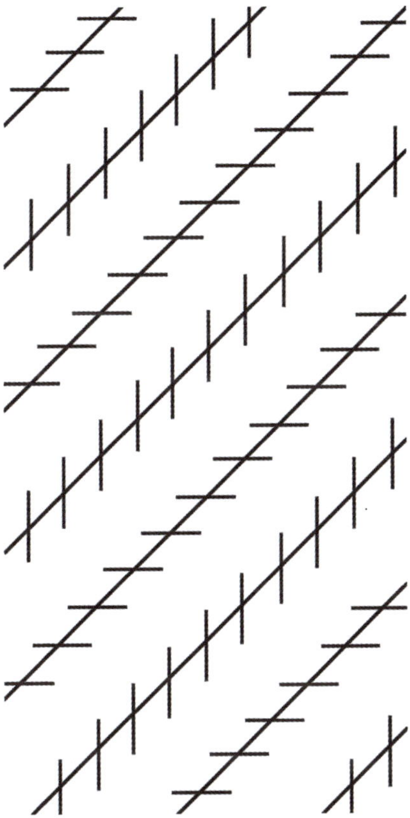

Toutes ces lignes sont parallèles, mais les petits traits qui les coupent donnent l'impression qu'elles s'écartent vers la droite ou la gauche.

Illusion de Delbœuf

Quel est le plus grand carré central ?

L'effet de « l'illusion de Delbœuf » est très marqué sur ce dessin : les deux carrés centraux sont de la même taille. Cachez les carrés qui les entourent, vous constaterez alors que votre œil vous trompe effectivement sur leur taille.

L'escalier qui monte

Cet escalier conduit toujours vers le haut et la gauche, que l'on regarde la carte à l'endroit ou à l'envers.

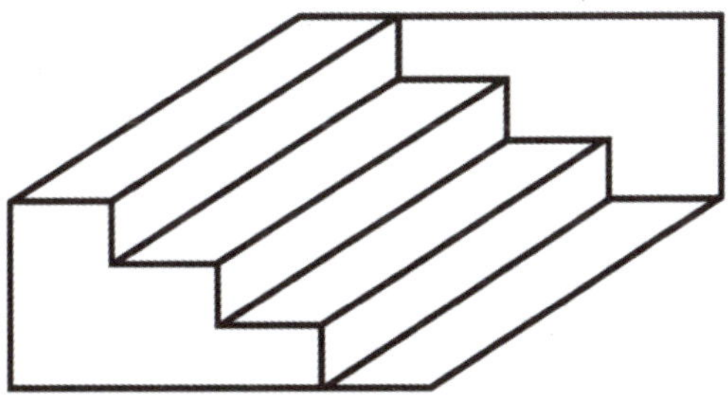

Cette figure réversible est connue sous le nom d'« escalier de Schroeder » (mathématicien allemand qui créa cette figure en 1858).

Quel est le plus long ?

Quel est le segment le plus long : le segment délimité par les points A et B ou B et C ?

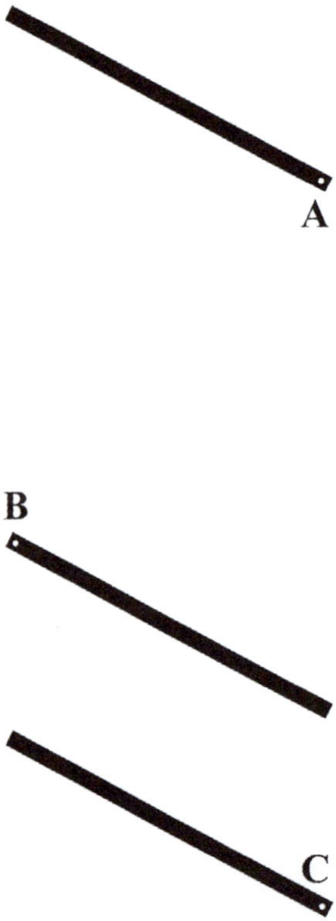

En réalité, les deux segments ont la même longueur. Dans l'illusion d'optique, peu importe que les lignes soient imaginaires, comme ici, ou réelles.
Cet effet est connu depuis 1926 sous le nom de « parallélogramme de Sandor ».

Où se trouve le point ?

Où se trouve le point par rapport au triangle ?

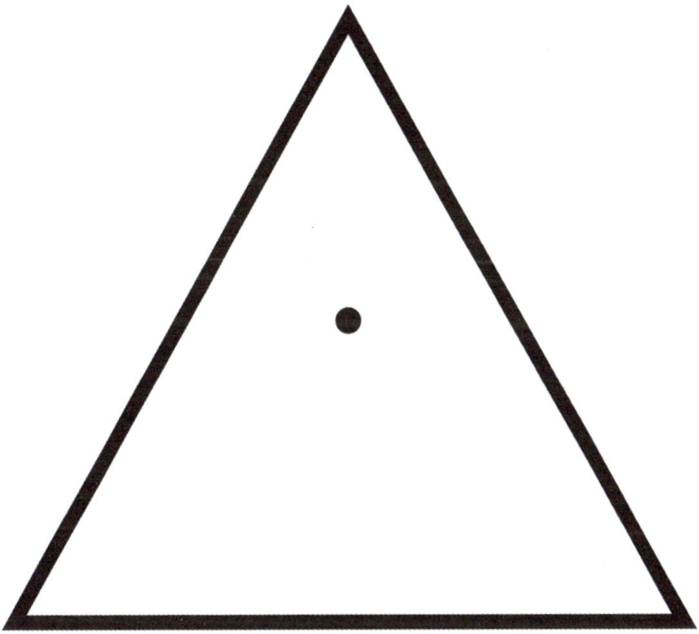

Le point se trouve précisément au centre du triangle, entre son sommet et sa base, même s'il semble plus près du sommet. L'œil est désorienté car la partie inférieure du triangle est plus grande et le point central plus proche des lignes latérales.

Illusion de Muller-Lyer

Laquelle de ces sections de ligne est la plus longue ?

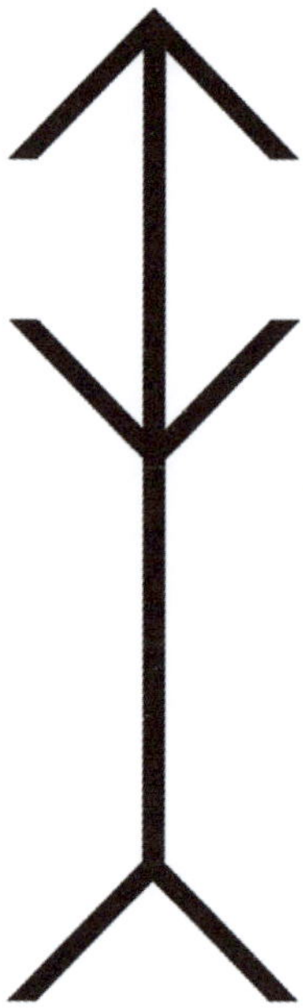

Les deux sections de ligne sont de la même longueur, même si notre œil a du mal à le voir, quel que soit le temps pendant lequel on fixe l'image. La section de ligne inférieure peut sembler jusqu'à un tiers plus longue. L'illusion fonctionne même si l'on mesure avec une règle qui montre clairement que les deux sections de ligne ont la même longueur. L'effet s'explique par la longueur et l'angle des pointes des flèches.

Un cylindre ?

Tous ces arcs de cercle sont parallèles et de la même longueur.

Pourtant, nombreux sont ceux qui ont l'impression que la moitié supérieure de la figure est plus large. Un exemple qui montre comment la répétition d'une figure géométrique simple peut tromper l'œil.

E

Observez la carte à partir de la gauche puis à partir de la droite.

Si l'on observe ce dessin à partir de la gauche, on voit la lettre E. Si on le regarde à partir de la droite, on distingue alors quatre plans : une figure impossible.

L'escalier

Observez la carte à partir de la gauche puis à partir de la droite.

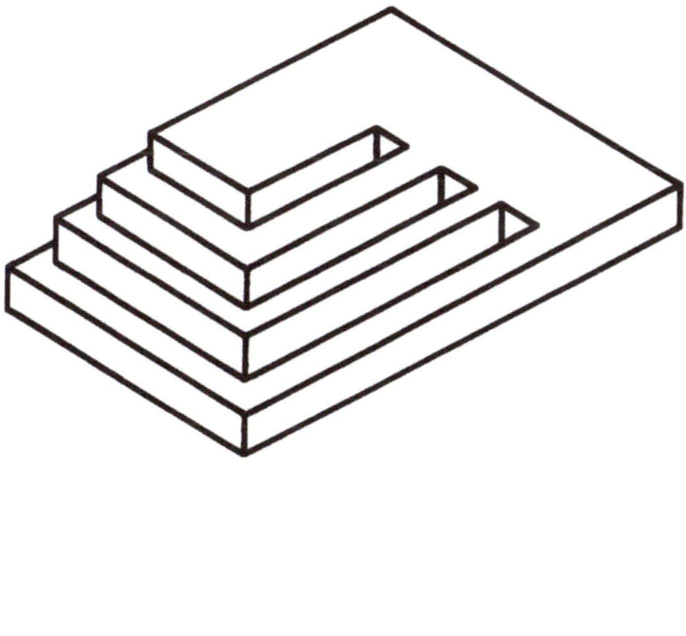

Si l'on regarde ce dessin à partir de la gauche, on distingue clairement un escalier à quatre marches. Si on le regarde maintenant à partir de la droite, on ne voit plus qu'un plan à trois niveaux.

Prolongement

Laquelle de ces deux lignes obliques se prolonge à droite ?

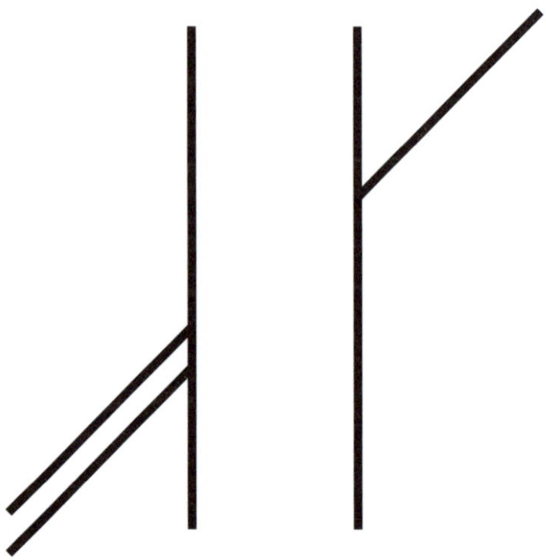

On croirait que c'est la ligne du haut qui se prolonge à droite. Mais si vous utilisez une règle, vous pourrez constater que c'est bel et bien celle du bas.

Diagonales inégales ?

Quelle est la diagonale la plus longue ?

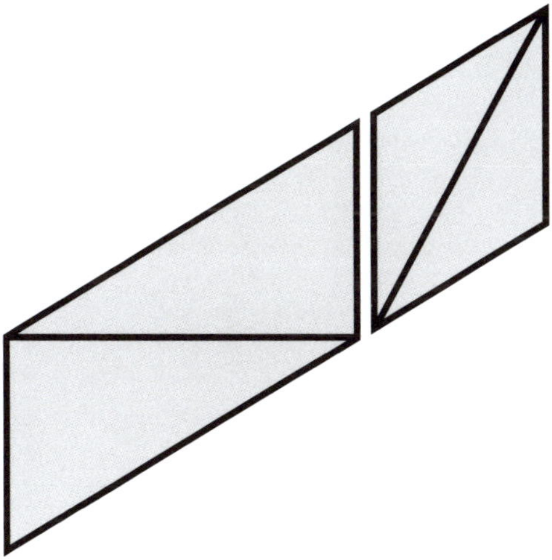

Aucune, elles sont toutes les deux de la même longueur. Pourtant, elles semblent différentes : les angles obtus font, en effet, paraître les diagonales plus longues (à gauche) et les angles aigus plus courts (à droite).

Coup d'œil

Quelle couverture de livre est la plus grande ?

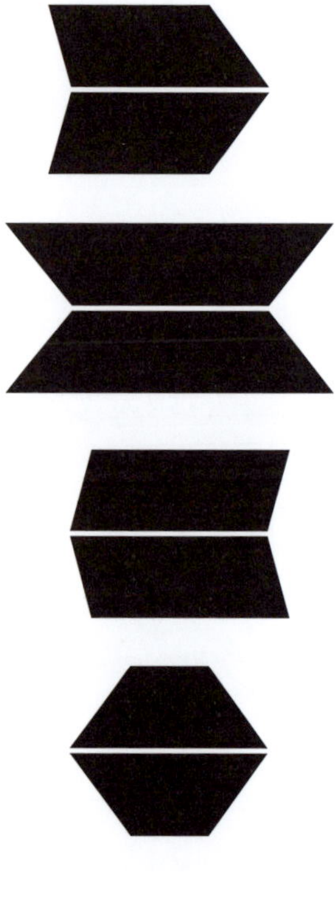

On croirait que c'est la troisième en partant du bas qui est la plus grande. Mais si vous tenez le livre en diagonale pour bien voir le dessin, vous pourrez constater qu'elles sont en réalité toute quatre de la même taille. C'est l'inclinaison des différentes couvertures qui crée l'illusion.

Zigzag

Ces cercles sont-ils alignés ?

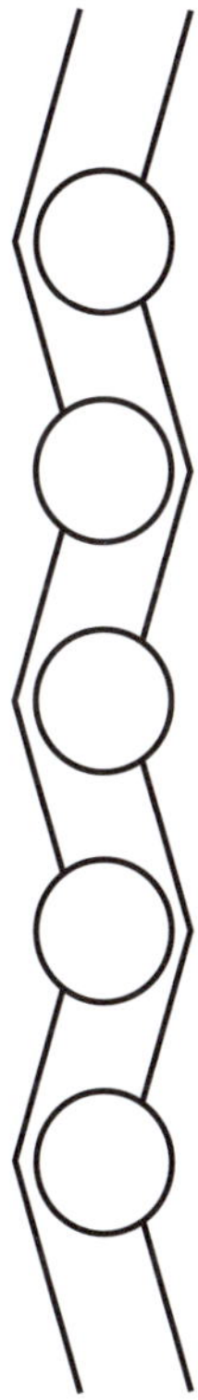

Oui, ils le sont. Le mouvement en zigzag de la figure en arrière-plan tend à déplacer les cercles vers la gauche et la droite.

Lignes brisées

Ces lignes diagonales semblent discontinues.

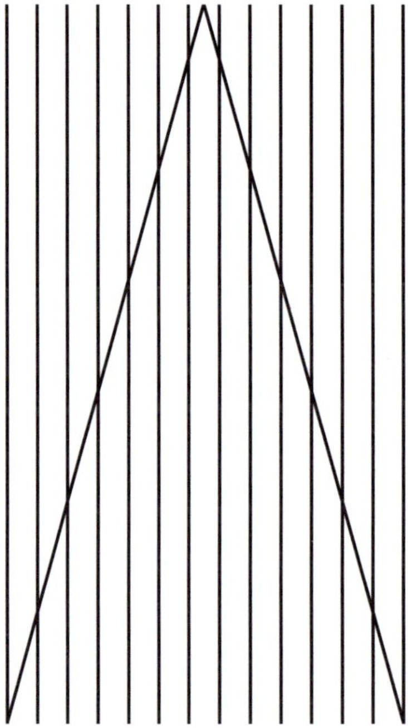

Cet effet est produit par les lignes verticales qui coupent les diagonales en des angles inférieurs à 45°.

À table !

Laquelle de ces deux tables est la plus longue ?

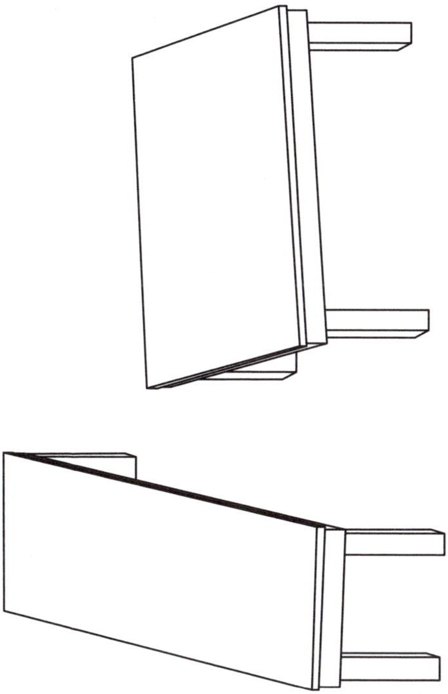

Faites pivoter le livre de 45° afin de bien voir le dessin. Les deux tables ont les mêmes longueur et largeur. C'est leur représentation sous une perspective différente qui donne l'impression que la table de gauche est beaucoup plus longue.

Identiques ?

Quelle ligne horizontale est la plus longue des deux ?

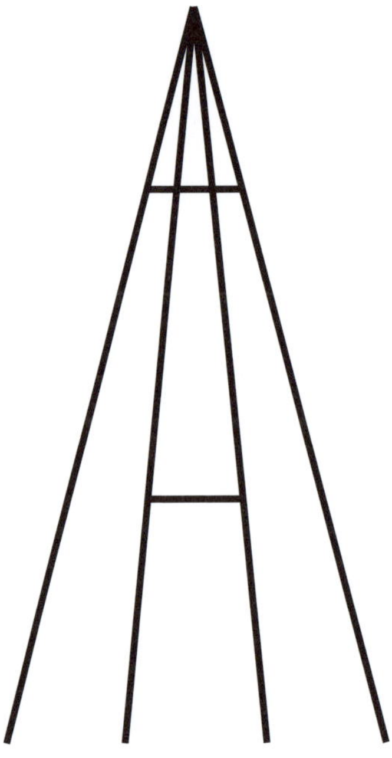

Les deux lignes sont de la même longueur, même si celle du haut semble plus longue en raison du rétrécissement des lignes verticales.

Éclaircissement

Laquelle de ces deux figures est carrée ?

Nous nous trompons souvent quand il s'agit d'évaluer la hauteur ou la largeur d'un objet. Nous nous laissons induire en erreur par des motifs et des couleurs. Même si seule la figure du haut semble carrée, celle du bas l'est aussi et toutes deux ont les mêmes hauteur et largeur. Il est bien connu que les rayures horizontales grossissent.

Cohérent ?

Les lignes qui se trouvent entre les triangles semblent juxtaposées.

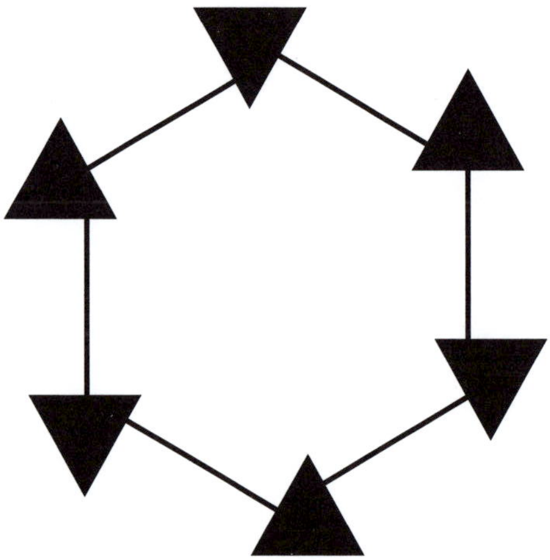

En vérité, elles constituent les côtés d'un hexagone. Les points d'ancrage des lignes étant masqués et asymétriques, on dirait qu'elles ne se rejoignent pas.

Un cercle ou deux ?

Y a-t-il un ou deux cercles ?

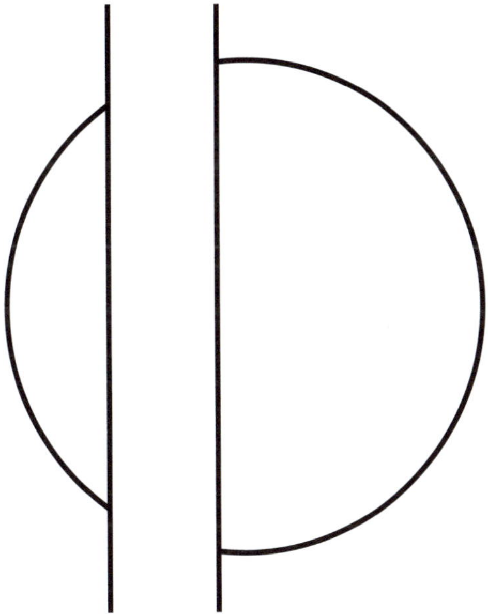

L'œil essaye de se représenter les lignes manquantes. Y parvenez-vous ? Ou avez-vous l'impression que l'arc de cercle de gauche appartient à un petit cercle et celui de droite à un grand cercle, qu'il s'agit donc de deux cercles différents ? Si oui, votre cerveau vous a alors joué un tour. Il n'y a bel et bien qu'un seul cercle.

Lattes de travers ?

Les lattes de cette clôture semblent de travers et tordues, comme si elles étaient restées trop longtemps sous la pluie.

Pourtant, elles sont bel et bien droites. Les lignes en forme de flèche dessinées sur les lattes donnent l'illusion d'une courbure lorsqu'on les observe.

Taille réelle

Quel est le carré le plus grand ?

Si l'on fait pivoter un carré de 45°, il semble alors plus grand. Pourtant, les deux carrés de l'image ont exactement la même taille. De fait, les diagonales occupent plus d'espace.

Enchevêtrement

Combien de carrés emboîtés les uns dans les autres voyez-vous ?

En fait, il n'y a aucun carré. Ce que vous voyez ici est une spirale carrée. Il est plus facile pour les yeux de voir une forme carrée que de suivre le tracé précis d'une ligne. Vous aurez d'ailleurs du mal à le faire, même en suivant du doigt le mouvement de la spirale.

Courbes

Contrairement aux apparences, les deux droites du premier plan sont parallèles.

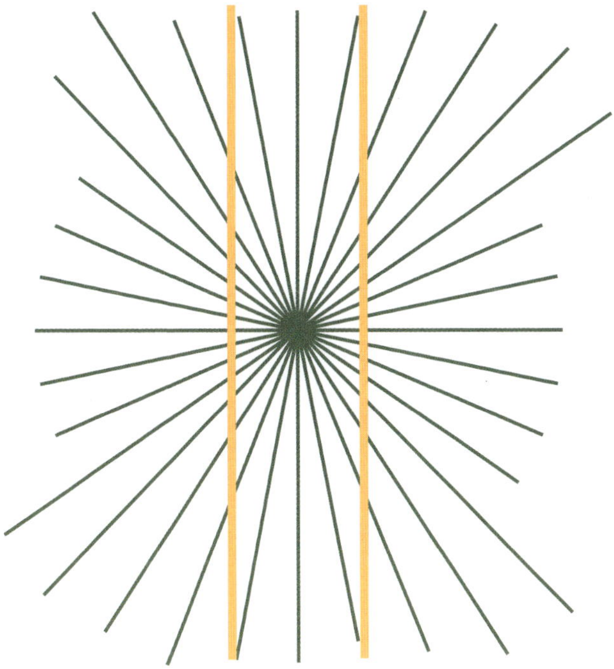

Notre perception est erronée en raison des lignes de l'arrière-plan, qui troublent la perspective et donnent l'illusion d'une profondeur. Comme nos yeux perçoivent naturellement la perspective, ils adaptent l'autre partie de l'image. Les lignes orange semblent suivre les lignes vertes en se courbant.
Cette illusion d'optique a été créée par le physiologiste allemand Ewald Hering en 1861.

Quelle imagination !

Voyez-vous des cercles blancs ?

C'est que vous avez de l'imagination… Parce qu'il n'y a pas de cercles ! Ils n'existent que dans votre imagination. Notre cerveau s'appuie sur l'expérience selon laquelle tout objet placé devant un autre le recouvre. Ici, les lignes sont tout simplement discontinues, d'où l'illusion de cercles blancs.

Décalage

Les diagonales de l'arrière-plan se suivent-elles ou sont-elles décalées ?

Bien qu'elles semblent décalées, elles se suivent… Vérifiez avec une règle. Ce phénomène surprenant a été découvert en 1869 par Johan Christian Poggendorff. Une diagonale passant derrière une forme rectangulaire semble décalée : l'observateur perçoit la diagonale comme deux lignes. L'illusion de Poggendorff est due au jeu des angles aigus et des angles obtus. Pour avoir l'impression d'une diagonale interrompue, il faudrait faire pivoter les lignes jaunes.

D'équerre

Dans quel sens se déplacent les lignes verticale et horizontale ?

La ligne verticale semble se déplacer légèrement dans le sens inverse des aiguilles d'une montre, tandis que la ligne horizontale se déplacerait dans le sens des aiguilles. Pourtant, les deux lignes sont strictement perpendiculaires.

Chapeau !

Le haut-de-forme est plus haut que large, n'est-ce pas ?

Eh bien non ! Une erreur courante consiste à imaginer que les objets verticaux sont plus grands que les objets horizontaux même s'ils sont absolument de la même taille. Selon des recherches, il serait plus fatigant de déplacer les yeux verticalement qu'horizontalement. Cet effort accru grandirait les objets verticaux à nos yeux.

Pliures

Que voyez-vous ?

L'alternance de orange et de blanc crée des lignes verticales parallèles.

Cube ou hexagone ?

Que voyez-vous ?

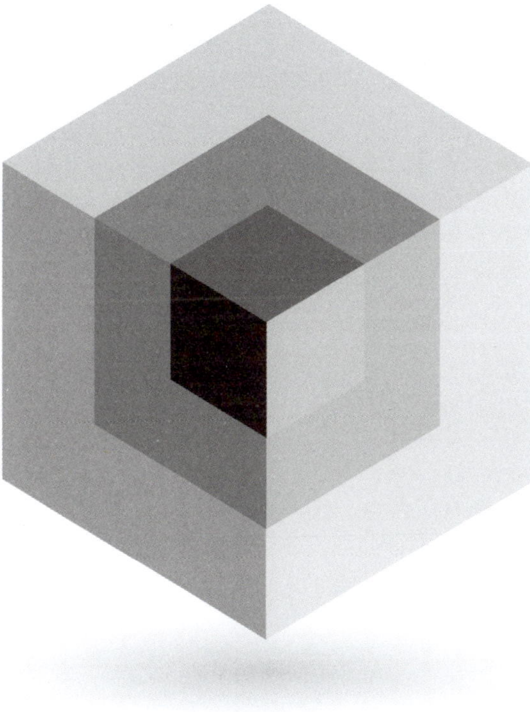

Les arêtes de l'hexagone combinées à un jeu de lumière font apparaître un cube.

illusions distordantes

Ces illusions sont capables de modifier notre perception sur la taille, la largeur, la courbure d'un motif. On peut avoir l'impression par exemple de voir des courbes, des droites sécantes alors que les lignes sont parallèles, ou bien des mouvements de vagues ou de rotations.

Lignes cylindriques

Les lignes entre les cylindres sont-elles parallèles entre elles ?

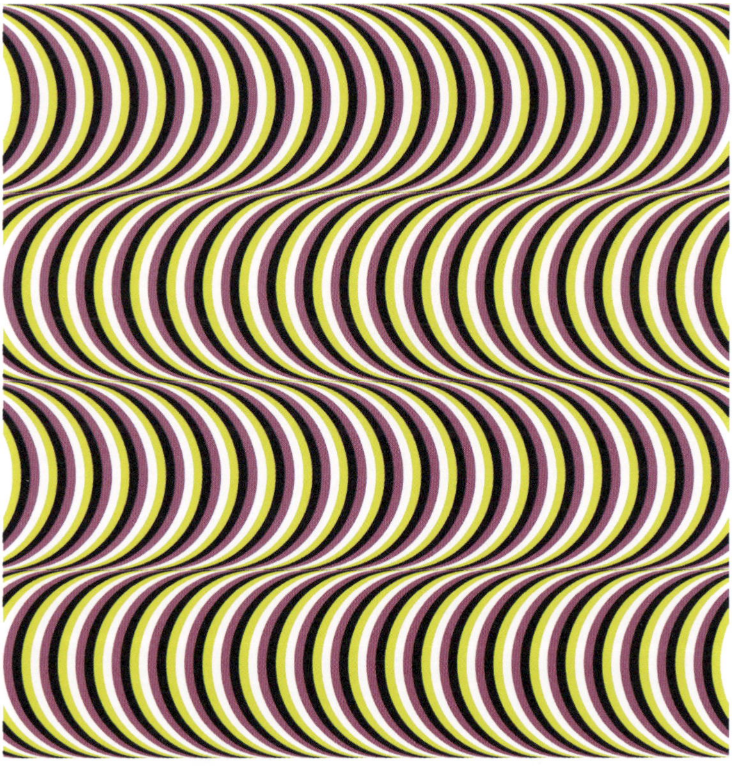

Les lignes sont parallèles malgré l'impression que les cylindres vont en s'agrandissant ou en rétrécissant.

Lévitation

Déplacez légèrement le livre vers la droite et vers la gauche tout en regardant le rond central.

Le rond central se détache du fond, conférant une impression de tridimensionnalité à l'image. On aimerait presque le saisir. Cet effet est encore plus puissant si vous posez un regard flou sur l'image. Une fois l'œil habitué, le rond semble bouger.

Les chercheurs ont tenté, en vain, de comprendre ce phénomène appelé « illusion d'Ouchi », d'après le nom de son inventeur, le Japonais Hajime Ouchi. Ce qui est certain, c'est que notre cerveau n'est pas en mesure de traiter toutes les informations visuelles. Nous savons que rien ne bouge sur cette carte et pourtant, l'expérience nous porterait à penser le contraire.

Toupie

Fixez le centre du cercle en agitant le livre.

Si l'on agite ce motif qui représente des cercles concentriques, on a l'impression de voir des roues avec des rayons de couleurs qui tournent.

Un point c'est tout !

Lequel des deux points se trouve au milieu du cercle ?

Bien qu'il semble que ce soit le point bleu clair, il s'agit du point vert. Les arcs de cercle orientés vers la droite font glisser le centre du cercle vers la droite.

Cyclone

Rapprochez la page de vos yeux et observez le centre de l'image tout en déplaçant légèrement le livre.

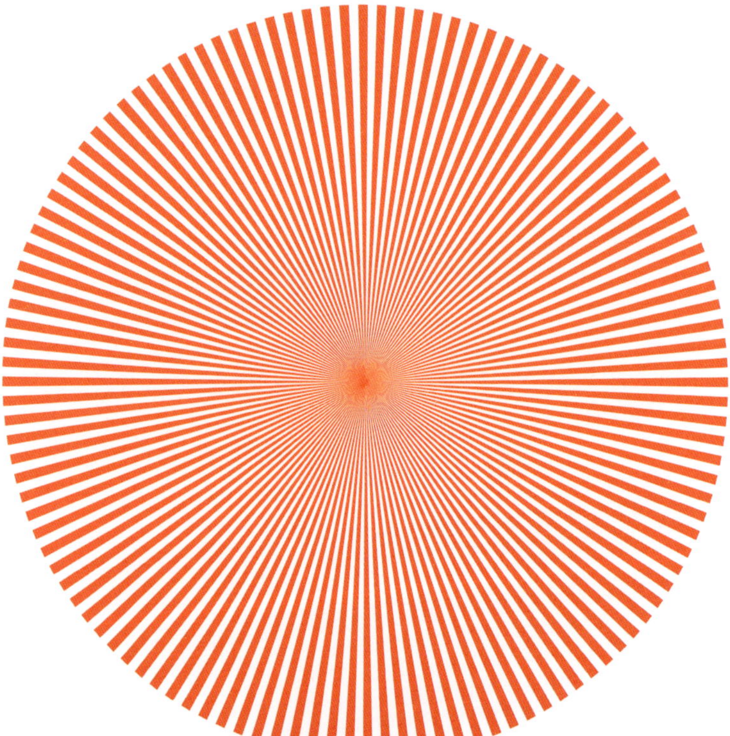

Un cyclone tourbillonnant semble se former au cœur de l'image. Cette illusion est due à la symétrie des axes d'une part, au mélange de l'orange et du blanc résultant de la convergence des rayons, d'autre part.

Le pouvoir des fleurs

Concentrez-vous sur la figure verte ou sur la rouge.

Ce motif structuré de manière concentrique provoque chez le spectateur l'illusion de cercles blancs se déplaçant du centre vers l'extérieur.
Cet effet d'image mouvante et ce défaut de perception visuelle ont été largement exploités par l'art optique dans les années 1960 aux États-Unis.

Vis sans fin

Regardez l'une des spirales et tournez le livre alternativement vers la droite et vers la gauche.

Dans un sens, la spirale tourne vers l'extérieur ou s'approche de l'observateur. Dans un autre, la spirale tourne vers l'intérieur ou s'éloigne de l'observateur.

Ça bouge !

L'image semble suivre un mouvement d'ondulation de haut en bas et de bas en haut. Maintenant, faites pivoter l'image à 90 degrés. Que se passe-t-il ?

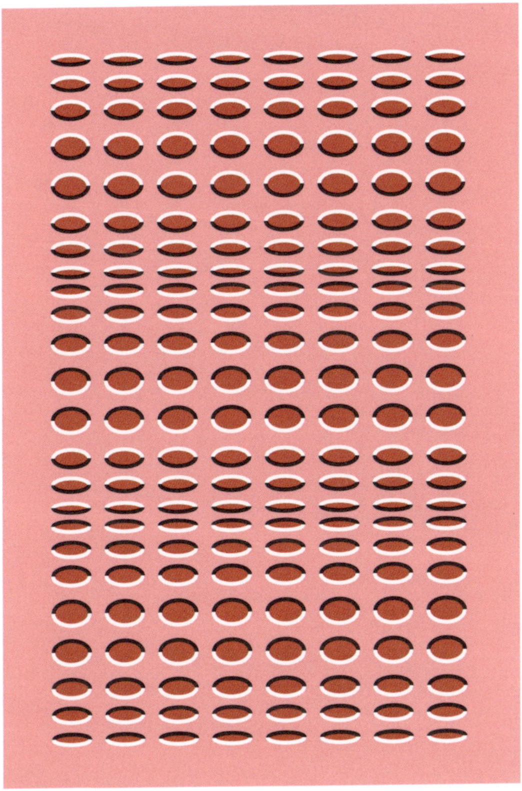

L'effet est encore plus saisissant ! Cette illusion est due aux contours clairs et foncés des ovales qui semblent attirer les formes dans un sens et dans l'autre, d'où l'impression de mouvement.

Le carré déformé

Ce carré semble déformé par les lignes du cercle.

L'effet est plus marqué encore si les lignes du cercle ne sont pas régulièrement espacées. Même si l'on sait que les côtés du carré sont droits, notre raison ne nous permet pas d'éviter l'illusion d'optique.

Lignes verticales

Les lignes à l'intérieur des cercles sont-elles parallèles ?

Les lignes situées à l'intérieur des cercles sont verticales et parallèles. Pourtant, sous l'influence des lignes obliques qui entourent les cercles, on les voit inclinées dans l'autre sens. Cette impression s'estompe si l'on bascule légèrement le livre vers soi.

Couleurs fantômes

Observez la figure avec attention pendant un moment (si possible sans trop de lumière et légèrement inclinée). Que se passe-t-il ?

Des losanges de couleurs apparaissent tout à coup, alors que le dessin ne se compose que de lignes noires. On ne sait pas vraiment expliquer comment ces « couleurs subjectives » apparaissent.

Le pli

Que voyez-vous ?

Seule la structure des carreaux est ici différente ; on a pourtant l'impression que l'image est comme pliée au milieu.

Ronds ou non ?

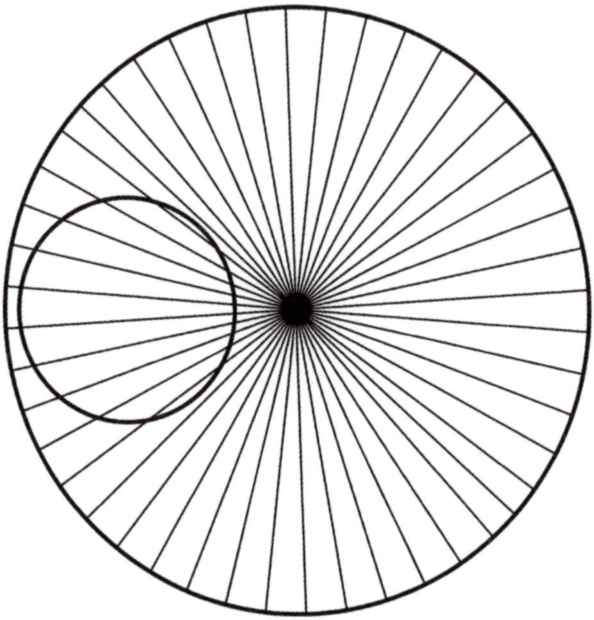

Ces deux cercles sont parfaitement ronds, même si la perception du petit cercle est déformée par les rayons du grand.

Mur du café

Les carreaux de ce mur sont-ils parallèles ?

L'illusion du mur du café s'inspire du motif des carreaux de faïence d'un café de Bristol. Contrairement aux apparences, tous ces carreaux sont parallèles. L'effet repose sur le « mortier » noir qui entoure les carreaux et leur léger décalage. Il est plus ou moins marqué selon l'épaisseur et la couleur dudit « mortier ».

Tordu et de travers ?

Ces carrés sont-ils tordus ou parfaitement droits ?
Le carré du haut est-il plus étroit en haut ?
Les côtés du carré du bas sont-ils incurvés ?

Absolument pas. Il s'agit de carrés parfaits. Les lignes et motifs qui les entourent, les remplissent ou les traversent, déforment simplement la perception des lignes et des angles droits.

Image mouvante

Observez l'image. Que se passe-t-il ?

Nos yeux balayent toujours les images à la recherche d'informations. Nous avons ainsi l'impression que le dessin bouge. Même si nous nous y efforçons, nous ne parvenons pas à fixer nos yeux sur le motif. Beaucoup d'artistes utilisent cet effet dans leurs tableaux.

Orientation

Fixez le cercle du haut pendant trente secondes. Regardez ensuite immédiatement le cercle du bas. Que percevez-vous ?

Si vous regardez immédiatement le cercle du bas, vous aurez l'impression qu'il tourne en sens inverse.
Cet effet porte le nom de « reproduction d'orientation ». La rétine de l'œil projette le motif du premier cercle sur le second. Alors que le premier motif s'estompe, le second motif se dessine plus clairement, de telle sorte qu'on a l'impression d'un mouvement.

Changement de forme

Rapprochez le livre de vos yeux et regardez les motifs fixement. Éloignez-le lentement ensuite. Quel phénomène observez-vous ?

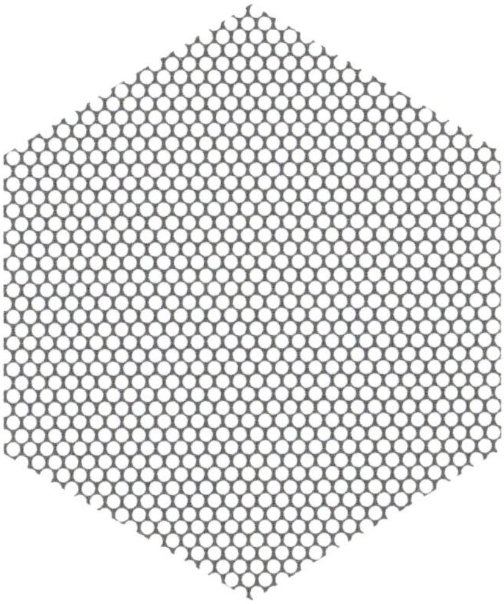

Vous constaterez que les cercles se transforment en diamants.

Un motif à tout prix

Observez l'image. Que se passe-t-il ?

Ces différents triangles sont tous uniformes et agencés d'une manière parfaitement structurée. Notre œil infatigable cherche à tout prix à trouver un motif dans ce dessin et à le conserver. Il en résulte une impression de mouvement et de zones grises.

Rectiligne

Six lignes droites forment six carrés.
Suivez le motif ces lignes du bout du doigt. Que constatez-vous ?

Les lignes se composent d'un motif en biais noir et blanc. Le motif de chaque ligne change de sens à un moment donné. Le carré semble précisément se plier à cet endroit. Cet effet se répète plusieurs fois dans chaque carré. Voilà pourquoi toutes les figures semblent ici tordues et déformées.

Coussin bombé

Cette image donne l'impression d'une voûte en trois dimensions.

On peut la voir bombée vers l'intérieur ou l'extérieur. L'effet tridimensionnel s'explique par les rectangles qui deviennent de plus en plus petits et étroits vers les coins.

Anneaux en mouvement

Tenez le livre devant vos yeux. Approchez-le et reculez-le doucement de vos yeux. Quel phénomène observez-vous ?

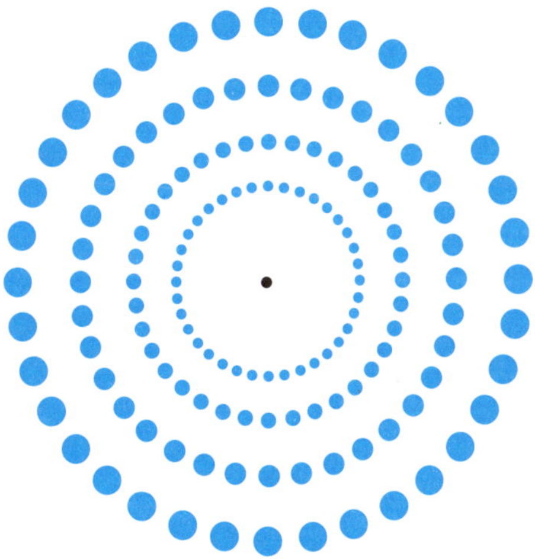

Les anneaux se mettent à tourner, et dans un sens différent selon que vous avancez ou reculez la carte.

En bosse ou en creux

Regardez cette image, puis tournez-la à 180°… que constatez-vous ?

Les creux deviennent des bosses et les bosses deviennent des creux ! Nous sommes habitués à ce que la lumière vienne d'en haut, comme c'est le cas avec le soleil, la lune ou un lampadaire. Ce fait est si ancré dans notre expérience du monde qu'il influence notre perception. Nous partons du principe que la lumière éclaire la partie inférieure du creux et la partie supérieure de la bosse. Si on tourne l'image de 180 degrés, le cerveau est davantage occupé à détecter la source de lumière qu'à retenir les informations de l'image.

Illusions d'optique

Ces personnages montent-ils ou descendent-ils les escaliers ?

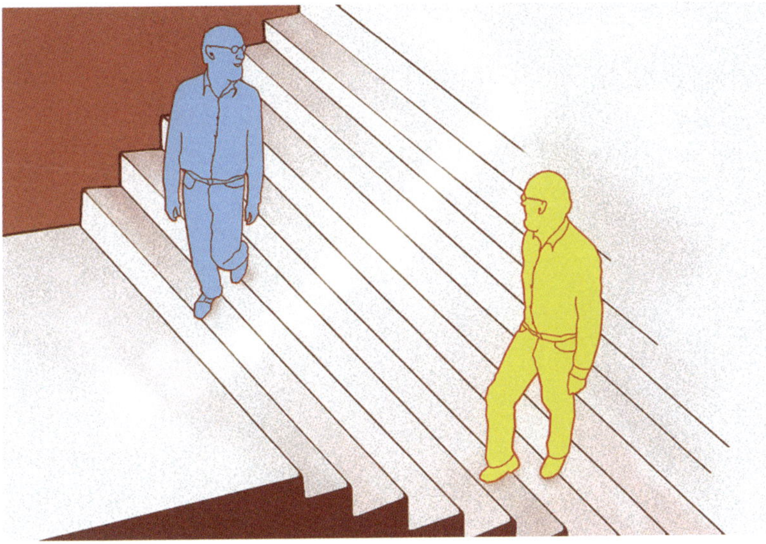

Difficile à dire... Vous expérimentez une illusion d'optique distordante.

Droites ou courbes ?

Les lignes diagonales semblent faire des vagues, alors qu'elles sont rectilignes.

Cet effet est créé par la présence des cercles. Pour vous en convaincre, vérifiez avec une règle. Conscients de ce défaut de perception, il nous est pourtant difficile de corriger mentalement notre erreur.

En mouvement

Regardez ces rosaces. Quel phénomène observez-vous ?

On pourrait croire que ces rosaces sont en mouvement alors qu'elles ne le sont pas. Ce mouvement est créé par notre seule perception.
Nos yeux sondent continuellement les images en quête d'informations. Il nous est impossible de les immobiliser quand nous observons un objet, ce qui crée l'illusion de mouvement dans l'image.

Ça coule de source

Que voyez-vous ?

Nos yeux sondent continuellement les images en quête d'informations. Ce mouvement perpétuel du regard crée l'illusion de vagues sur l'image. D'ailleurs, ces vagues semblent aller en grossissant et s'amenuisant.

De-ci de-là

Avez-vous constaté que votre regard parcourait infatigablement l'image en quête d'un point où se poser ?

Lorsqu'il tente de se fixer sur un losange, votre regard glisse vers les points de fuite créés par les lignes convergentes.

Rayonnement

Que voyez-vous ?

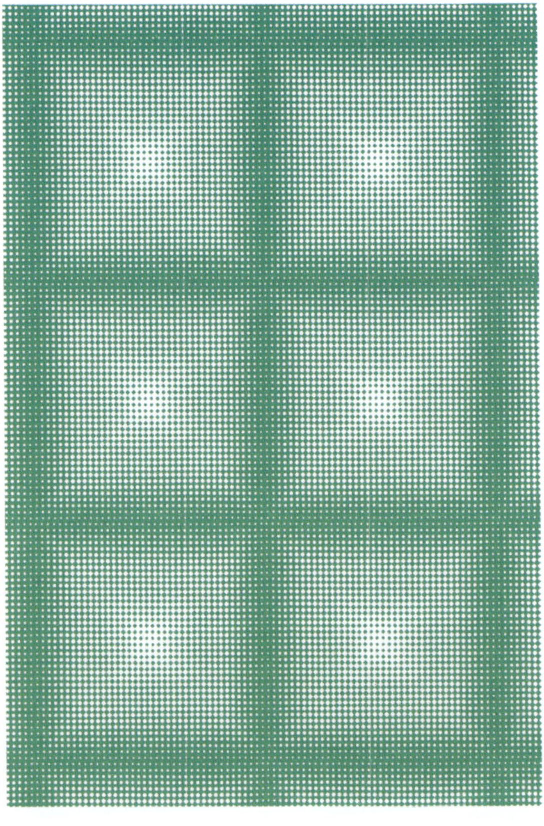

Selon votre sensibilité, vous pouvez voir des coussins, des touches ou des étoiles qui brillent.

Carrés ou losanges ?

Que voyez-vous ?

Bien que ce motif ne soit constitué que de carrés imbriqués, vous pouvez y voir un motif de losanges avec des lignes horizontales ou encore un motif de losanges avec des lignes verticales.

Voûtes

Que voyez-vous sur l'image ?

On dirait des voûtes en trois dimensions, concaves ou convexes. L'illusion de tridimensionnalité est créée par le rétrécissement des carrés vers les côtés.

Mal de mer

Savez-vous pourquoi les lignes intérieures apparaissent penchées ?

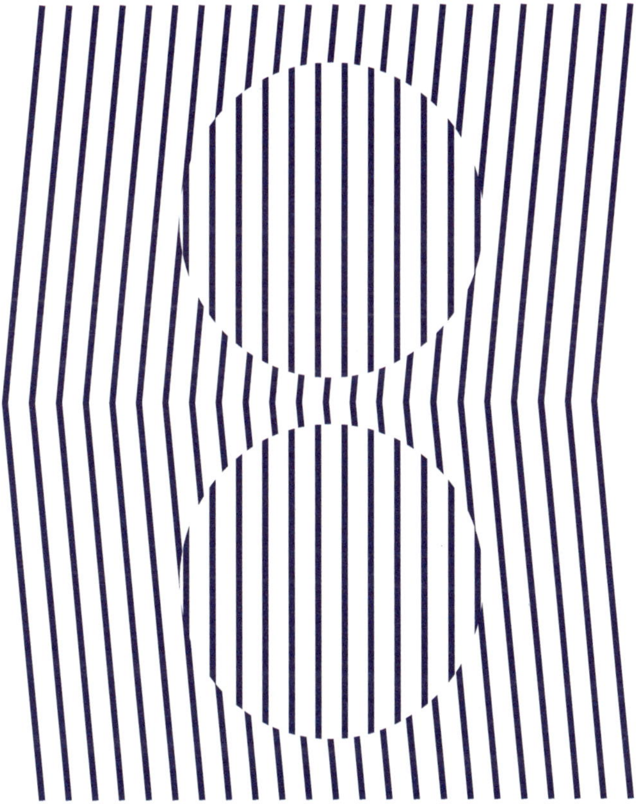

Les lignes situées à l'intérieur des cercles sont verticales. En raison des lignes en biais situées à l'extérieur, nous rectifions la trajectoire des lignes intérieures ; c'est pourquoi elles apparaissent penchées.

Poupées russes

Quelles formes distinguez-vous en haut et en bas du livre ?

Bien que l'on aperçoive deux triangles, en réalité, il n'y en a pas. Les côtés des rectangles emboîtés créent l'illusion de deux triangles constitués de lignes horizontales, se détachant sur fond de lignes verticales.

Une quête sans fin

Sur cette image, tous les triangles sont absolument semblables et structurés de manière uniforme.

Notre œil cherche infatigablement à deviner un motif dans cette image, d'où l'illusion de mouvement perpétuel.

L'école des sens

Regardez l'image. Quelles formes découvrez-vous dans ce motif ?

Selon votre perception de près, vous pouvez observer des ovales foncés et des triangles sur fond clair ou bien des fleurs claires sur un arrière-plan foncé. De loin, vous pouvez également voir des lignes diagonales et verticales.

Animation

Que voyez-vous ?

Vous expérimentez illusion d'un mouvement incessant, comme si l'image était animée. Ce phénomène est dû aux contours clairs et foncés des carrés.

Psychédélique

Observez l'image. Que se passe-t-il ?

Le centre de l'image semble vibrer car lorsque l'œil est obligé de fixer un objet, il ne peut s'empêcher de bouger. Les effets de vibration surgissent au moment où les images rémanentes entrent en conflit avec celles qui sont déplacées du fait des mouvements des yeux.

Rayons vibrants

Observez l'image. Que se passe-t-il ?

Les rayons de l'image semblent vibrer car lorsque l'œil est obligé de fixer un objet, il ne peut s'empêcher de bouger. Les effets de vibration surgissent au moment où les images rémanentes entrent en conflit avec celles qui sont déplacées du fait des mouvements des yeux.

Rouages 1

Observez l'image. Que se passe-t-il ?

Les différentes parties semblent s'enclencher entre elles au fur et à mesure que notre regard parcourt l'image. Cela est du au fait que les images rémanentes entrent en conflit avec celles qui sont déplacées du fait du mouvement des yeux.

Rouages 2

Observez l'image. Que se passe-t-il ?

Les différentes parties semblent s'enclencher entre elles au fur et à mesure que notre regard parcourt l'image. Cela est du au fait que les images rémanentes entrent en conflit avec celles qui sont déplacées du fait du mouvement des yeux.

Spirale 1

Observez l'image pendant qu'elle tourne dans un sens, puis dans le sens inverse. Que remarquez-vous ?

Dans un sens, la spirale tourne vers l'extérieur ou s'approche de l'observateur. Dans un autre, la spirale tourne vers l'intérieur ou s'éloigne de l'observateur.

Spirale 2

Observez l'image pendant qu'elle tourne dans un sens, puis dans le sens inverse. Que remarquez-vous ?

Dans un sens, la spirale tourne vers l'extérieur ou s'approche de l'observateur. Dans un autre, la spirale tourne vers l'intérieur ou s'éloigne de l'observateur.

Spirale bombée

Observez l'image pendant qu'elle tourne dans un sens, puis dans le sens inverse. Que remarquez-vous ?

Quelque soit le sens dans lequel nous faisons tourner la spirale, du fait de son ondulation vers l'extérieur, l'observateur a toujours l'impression qu'elle s'approche de lui.

Damier bombé

Observez l'image. Que se passe-t-il ?

Le bombé du damier disparaît et réapparaît en ondulant. Nous sommes habitués à ce que la lumière vienne d'en haut, comme c'est le cas avec le soleil, la lune ou un lampadaire. Ce fait est si ancré dans notre expérience du monde qu'il influence notre perception. Nous partons du principe que la lumière éclaire la partie inférieure du creux et la partie supérieure de la bosse.

Reliefs triangulaires

Observez l'image. Que voyez-vous ?

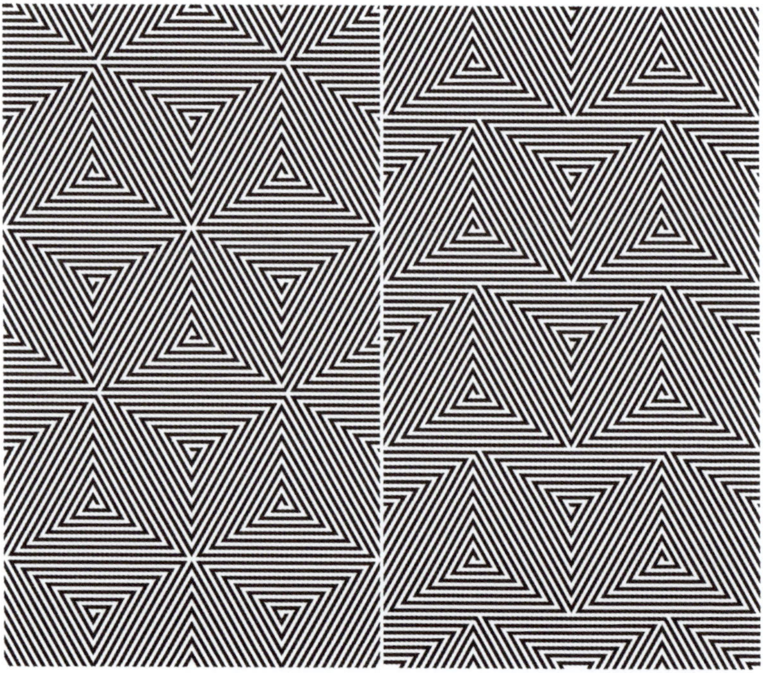

On a l'impression de survoler des pyramides.

Damier sphérique

Observez l'image. Que voyez-vous ?

Cette image donne l'impression d'un creux en trois dimensions. L'effet tridimensionnel s'explique par les carrés qui deviennent de plus en plus petits et étroits vers les coins.

illusions cognitives

Ces illusions sont capables de modifier notre perception sur la taille, la largeur, la courbure d'un motif. On peut avoir l'impression par exemple de voir des courbes, des droites sécantes alors que les lignes sont parallèles, ou bien des mouvements de vagues ou de rotations.

Taches grises

Vous apercevrez des points sombres entre les carrés et des points clairs aux intersections entre les lignes.

Mais dès que vous tentez de fixer un point, il disparaît tandis que les autres restent visibles.
Cette illusion d'optique a été découverte par le chercheur en optique Hermann Grid. Elle se base sur le contraste entre le clair et le sombre.

Cube fantôme

Cette image toute simple peut être interprétée de différentes manières.

Il s'agit d'une image ambiguë dans laquelle il est pratiquement impossible de ne pas apercevoir le cube, en plus des ronds. Ce cube est une image inversée, car notre œil ne parvient pas à déterminer quelle face du cube est la plus proche de nous. Par ailleurs, l'observation du cube autorise deux points de vue. Soit il se trouve devant les ronds blancs, soit il se situe dans une pièce blanche, et on l'observe par des trous pratiqués dans un mur rouge. Et la cerise sur le gâteau, c'est qu'il n'y a pas de cube dans l'image ! Notre cerveau interprète les traits des cercles comme les éléments constitutifs d'un carré, et il le complète mentalement. Le cube est donc une illusion.

Un triangle en quatre dimensions ?

Essayez de vous représenter ce dessin en trois dimensions.

Eh bien, c'est impossible ! Ce type d'objet impossible est une « illusion paradoxale ».
Il s'agit ici du Triangle de Penrose, conçu par le mathématicien Roger Penrose dans les années 1950. Autre exemple bien connu : l'escalier impossible du généticien Lionel Penrose (père de Roger Penrose) représenté en 1960 par l'artiste M. C. Escher dans son œuvre *Montée et Descente* (voir p. 181).

Mosaïque

Ce dessin ressemble à une mosaïque irrégulière qui ne représente rien de spécial.

Pourtant, si l'on sait qu'un visage s'y cache, on le repère facilement. Comme pour toutes les images trompeuses, on a ensuite du mal à observer le dessin sans voir le visage.

Debout là-dedans !

Tenez le livre horizontalement, à hauteur des yeux, le point rouge orienté vers vous. Fixez les traits et adoptez un regard flou. Que se passe-t-il ?

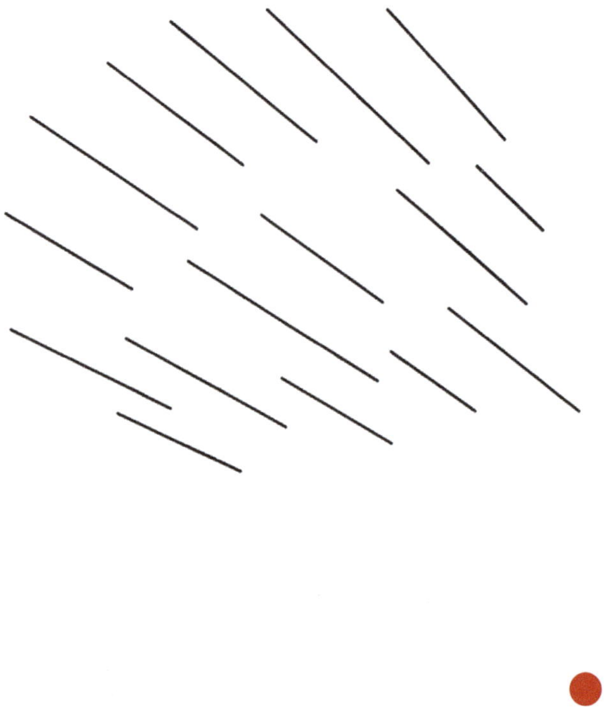

Les traits semblent se redresser, comme s'ils se plantaient dans la carte. Cet effet est dû au fait que les traits sont tous orientés vers le même point de fuite et sont donc soumis à la loi de la perspective.

Mélancolie

Que percevez-vous ?

Malgré une réduction des formes et des couleurs à leur plus simple expression, nous sommes en mesure de reconnaître une silhouette. Les artistes jouent souvent avec cette faculté de perception créative qu'a tout observateur. Cette image représente une personne assise sur un banc, la tête légèrement penchée, sous un clair de lune. À quoi peut-elle bien penser ?

Erreur de jugement

Lequel des petits carrés est le plus clair, lequel est le plus foncé ?

Contrairement aux apparences, ils ont tous la même valeur tonale. Pourtant, en fonction de la couleur qui les entoure, ils semblent plus ou moins clairs. Surprenant : observez le carré situé en haut à droite, et celui du bas à gauche. On dirait que les couleurs sont inversées !

Ciel étoilé

**Laissez glisser votre regard sur le dessin.
Quel phénomène observez-vous ?**

Il se met soudain à briller de mille feux ! Nos yeux et notre cerveau tentent d'organiser l'image de façon à identifier un motif précis. Parce qu'ils ne parviennent pas ici à organiser les traits en une seule et même structure, ils distinguent différents groupes. Dans chacun de ces groupes, nos yeux cherchent des centres possibles, d'où l'impression d'éclats lumineux.

Sens dessus dessous

Quelles flèches apercevez-vous en premier ?
Les flèches orientées vers le haut ou vers le bas ?

Tout dépend des individus. Toutefois, la plupart des gens voient d'abord les flèches vertes.

La lampe

Quel est le plus long trait ?
Le trait supérieur du pied de la lampe ou celui de l'abat-jour ?

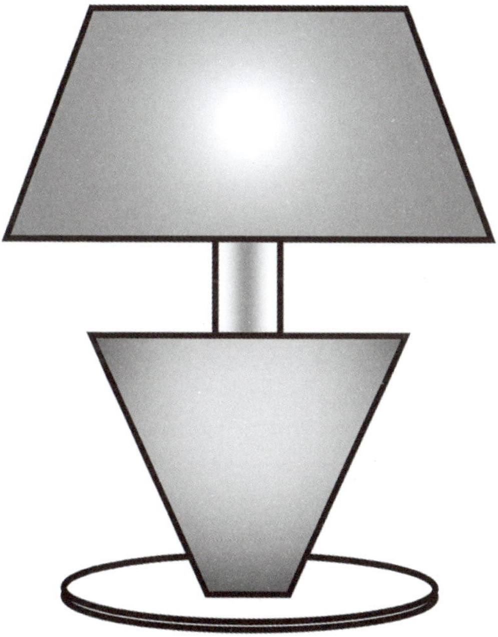

Les deux traits sont en fait de la même longueur : les angles les font simplement paraître plus ou moins longs.

Plus blanc que blanc

Fixez le cercle au centre environ trente secondes.
Que se passe-t-il ?

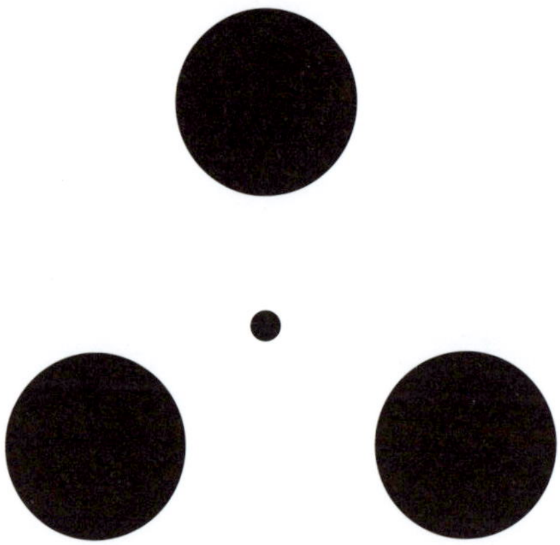

Si l'on fixe le cercle du milieu pendant environ trente secondes, un halo blanc semble l'entourer petit à petit. Le même phénomène se produit ensuite autour des autres cercles. Bien que le fond du livre soit déjà blanc, le halo a l'air plus blanc encore.

Deux triangles ?

Que voyez-vous ?

La plupart des individus voient ici deux triangles superposés. Cette figure pourrait pourtant tout aussi bien représenter un trapèze et un triangle. De fait, nous avons tendance à voir des figures familières (comme des triangles) et à réinterpréter des figures explicites en formes connues.

Vase fantôme

Que voyez-vous ?

On voit ici un vase incurvé, alors que seuls des cercles tronqués sont représentés. Notre œil ne parvient pas à tracer une ligne droite d'un cercle à l'autre. Lorsqu'on y regarde de plus près, le vase semble même plus clair que le fond de la page.

B 13

Que lisez-vous ?

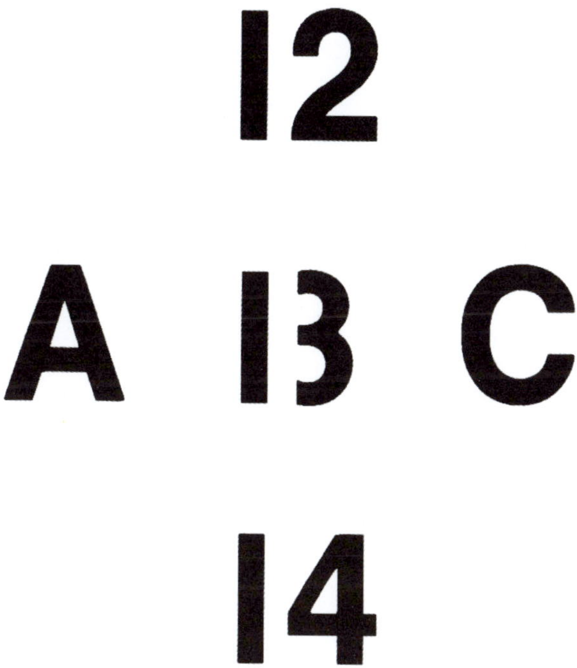

Ce que l'on voit est souvent déterminé par ce que l'on s'attend à voir. Si l'on observe la ligne de lettres de gauche à droite, le caractère du milieu est sans aucun doute un B. Mais si l'on observe maintenant la ligne de chiffres de haut en bas, on voit alors un 13.

Tache aveugle

Tenez le livre à l'horizontale et à 90°. Qu'arrive-t-il ?

Chaque œil a une « tache aveugle » : il est possible de la discerner en tenant le livre pas trop loin devant soi, en fermant l'œil gauche et en fixant le dessin de gauche avec l'œil droit. Si l'on éloigne maintenant lentement le livre, la figure de droite finit par disparaître. L'inverse fonctionne aussi, bien sûr.

L'étoile

Une étoile semble se dessiner au milieu des cercles.

En réalité, elle n'existe pas. Nos yeux complètent les contours manquants de cette étoile imaginaire. Les segments de cercles gris régulièrement espacés font apparaître une étoile. Les images qui suggèrent différentes formes s'appellent des images trompeuses.

Affiche lumineuse

Concentrez votre regard sur les points blancs. Qu'arrive-t-il ?

Si vous parcourez la carte du regard, vous voyez des points noirs apparaître dans les cercles blancs. Cette illusion d'optique repose sur le contraste clair/foncé.

Lignes croisées

Tenez la livre à plat devant vous à hauteur des yeux et fixez les lignes. Que se passe-t-il

Une troisième ligne apparaît.

Bosse des maths

Ajoutez les nombres. Quel résultat obtenez-vous ?

1000
+ 40
+ 1000
+ 30
+ 1000
+ 20
+ 1000
+ 10

La plupart des gens se trompent, même les banquiers et les mathématiciens ! Ils trouvent 5 000, alors que la bonne réponse est 4 100. Nous n'avons aucun problème pour additionner les premiers nombres, jusqu'à 4 090. Notre cerveau fait ensuite un blocage au niveau du dernier 10 à ajouter. Par habitude, on passe au millier supérieur au lieu de passer à la centaine supérieure. C'est ainsi que l'on arrive à 5 000 au lieu de 4 100.

La bnnoe pclae

Lisez attentivement le texte ci-dessus, puis reportez-vous à l'explication ci-dessous.

Sleon une édtue de l'Uvinertisé de Cmabrigde, l'odrre des ltteers dnas un mto n'a pas d'ipmrotncae, la suele coshe ipmrotnate est que la pmeirère et la drenèire soeint à la bnnoe pclae.

Le rsete peut êrte dnas un dsérorde ttoal et vuos puoevz tujoruos lrie snas porlbème. C'est prace que le creaveu hmauin ne lit pas chuaqe ltetre elle-mmêe, mias le mot cmome un tuot.

FFFFFatal

Comptez le nombre de « f » dans le texte ci-dessus.
Y en a-t-il trois, quatre ou cinq ?

++++++++++++++++++++++++++++

FINISHED FILES ARE THE RE-
SULT OF YEARS OF SCIENTIFIC
STUDY COMBINED WITH THE
EXPERIENCE OF YEARS

++++++++++++++++++++++++++++

La bonne réponse est six !
Lorsque l'on procède à une lecture rapide, l'œil se concentre sur les mots inhabituels, tandis que nous lisons les mots connus sans les voir. C'est pourquoi les trois « of » sont généralement oubliés. Les enfants, moins habitués à la lecture, ne commettent généralement pas cette erreur.

Cache-cache

Que voyez-vous ?

Le sujet de l'image n'est pas facile à identifier. Il s'agit de l'ombre de la main gauche, quand une source de lumière éclaire la main d'en haut. Si vous ne parvenez pas à visualiser le dessin, placez votre main gauche sur la table, à côté de l'image. Ce qui apparaît en blanc sur le dessin correspond à la forme des doigts.

Oiseau vole !

Placez l'image à une quinzaine de centimètres de vos yeux. Fixez la croix et approchez lentement l'image de vos yeux. Que voyez-vous ?

Et hop ! L'oiseau entre dans la cage ! Chaque œil possède sa propre perspective. À partir d'une certaine proximité à l'objet observé, les deux perspectives se chevauchent, créant une illusion d'optique.

Les vilains petits canards

**Observez le motif ci-dessus.
Quelle disposition vous saute aux yeux ?**

La plupart des gens y voient des lignes horizontales de canards, orientés alternativement vers la droite et vers la gauche, bien que l'ensemble pourrait être perçu comme une succession de lignes verticales. La raison est simple : notre cerveau regroupe les objets identiques. Encore plus rares sont les personnes capables de discerner d'emblée une organisation en diagonale.

Au travers des murs

Prenez une feuille de papier et enroulez-la sur elle-même pour en faire un tube. Placez-le devant votre œil droit. Maintenant, tenez la main gauche au niveau de l'extrémité du tube, tout contre. Regardez loin devant, avec vos deux yeux. Que se passe-t-il ?

Vous avez l'impression de voir le décor au travers d'un trou dans votre main. En effet, quand vos yeux fixent un objet lointain, les objets situés à proximité sortent du champ de vision. L'image que vous voyez est donc la superposition de la vue de chacun de vos yeux. L'illusion disparaît dès que vous vous concentrez sur la main gauche.

Si loin, si proche

Observez cette image sans la fixer et approchez-la de votre visage. Que se passe-t-il ?

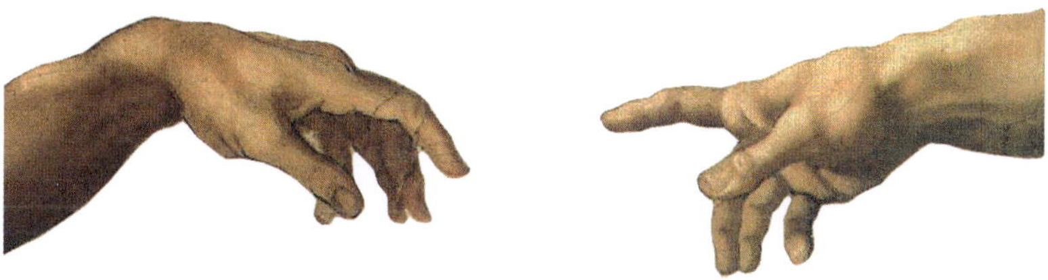

Peu à peu, les mains semblent se toucher ! Si cela ne fonctionne pas, reproduisez la scène avec vos propres mains, en veillant à conserver une distance de 2 cm entre les deux index. Maintenant, fixez entre les doigts, sans pour autant fixer l'arrière-plan. Approchez vos mains de votre visage. Vos doigts commencent à se toucher, peut-être même à se superposer.
Cette image est un détail de la célèbre fresque que Michel-Ange a peinte sur le plafond de la chapelle Sixtine à Rome.

Des goûts et des couleurs...

Combien de tons de jaune comptez-vous ?

Vous en avez compté quatre ? Eh bien non ! Il n'y en a que trois. Les couleurs prennent une valeur différente en fonction de leur environnement, plus clair ou plus foncé. Vous détenez ici la preuve que votre perception est faillible !

Op Art

Tenez le livre à bout de bras. Quel phénomène observez-vous ?

Vous apercevez de minuscules points à l'intersection des lignes.
L'op art, l'art optique, est un style de peinture né dans les années 1960, exploitant la faillibilité de l'œil à travers des illusions d'optique. L'artiste organise des formes colorées, géométriques et abstraites en motifs répétitifs. L'objectif est de troubler la perception sensorielle de l'observateur pour créer une impression de mouvement, d'éclat de lumière, de vibration, de ballonnement ou de gauchissement. Ces illusions sont décuplées quand l'observateur approche ou recule l'image de ses yeux.

FATA MORGANA

Une fata morgana est un phénomène optique se produisant au point de superposition de couches d'air chaud et d'air froid.

À la frontière entre les couches d'air, l'air se fait miroir. Si l'air froid se situe au-dessus de l'air chaud, l'image est inversée – comme dans les déserts ou sur les routes goudronnées. À l'inverse, si la couche d'air chaud est au-dessus, l'image est à l'endroit – comme en mer, un phénomène bien connu des marins.

Ce phénomène a été rapporté pour la première fois par des croisés qui affirmaient avoir aperçu de magnifiques châteaux dans la brume près du détroit de Messine. Ils attribuèrent ce phénomène à la fée Morgane (d'où le nom de Fata Morgana, « Fée Morgane » en italien) qui, d'après la légende arthurienne, pouvait élever des palais au-dessus des flots.

Un air de printemps

Lisez le texte dans le triangle.

Avez-vous remarqué que le mot « the » apparaît deux fois de suite ? L'observateur survole souvent le deuxième « the » sans le voir parce qu'il lit rapidement, le contenu du message étant simple. Notre faculté à identifier rapidement les ensembles nous pousse parfois à une observation superficielle.

À en perdre son latin !

Pouvez-vous dire rapidement et distinctement la couleur dans laquelle apparaît chaque mot ?

bleu jaune rouge
bleu rouge vert
jaune rose violet
orange vert
noir jaune
turquoise bleu
violet gris rose
orange turquoise
rouge jaune bleu

En réalité, le cerveau est organisé en différentes zones dotées de fonctions spécifiques. La zone du langage se concentre sur les lettres b-l-e-u pour lire le mot « bleu ». Le cerveau émet alors le message « bleu ». La zone des couleurs ignore les lettres et les mots. Elle se concentre sur la perception des couleurs. Elle reconnaît la couleur verte et crée alors le message « vert ». Ensuite, les deux messages atteignent la zone de traitement du cerveau et entrent en collision ! Ce qui explique pourquoi la plupart des gens lisent le mot plutôt que d'indiquer la couleur réelle.

Faux jumeaux

Saurez-vous trouver ce qui différencie ces deux formes ?

C'est à peine croyable, mais les deux formes ne sont pas identiques. Celle de gauche est constituée d'un seul et unique fil bleu, celle de droite, de deux. Nous ne sommes pas en mesure de déceler la différence spontanément : cette illusion d'optique nous met donc face aux limites de notre perception visuelle.

Points luminescents

Détendez-vous et regardez les croix de couleur. Que se passe-t-il ?

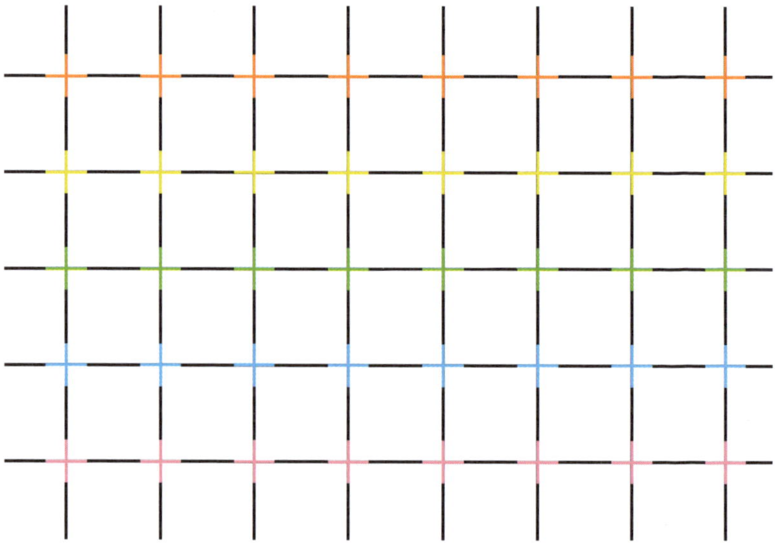

Après quelques instants, elles semblent s'allumer comme des ampoules, en formant un cercle de couleur lumineux sur l'arrière-plan blanc.

Filament à incandescence

Détendez-vous et regardez l'image. Que se passe-t-il ?

Au bout d'un moment, vous apercevez des lignes verticales et horizontales bleues, qui passent par les croix bleues : pure illusion !

Choc thermique

**Regardez attentivement la grille verte et la grille rouge.
Les couleurs vous paraissent-elles uniformes ?**

La grille verte et la grille rouge apparaissent légèrement jaunes, au milieu. Cet effet est dû à la température des couleurs. Plus une couleur contient de jaune, plus elle est « chaude ». Le rouge contenant plus de jaune que le rose, et le vert contenant plus de jaune que le bleu turquoise, le quadrillage semble dégager une lumière chaude, que nous interprétons comme du jaune. Cela explique d'ailleurs pourquoi le soleil dégage une lumière chaude et la lune, une lueur froide.

Des vertes et des pas mûres

Vous pensez distinguer deux verts ?

Et pourtant, il s'agit du même ton de vert ! Selon la couleur des lignes environnantes, jaunes ou bleues, le vert tire vers le jaune ou vers le bleu.
Cette grille de couleur a été inventée par l'Allemand Hans Munker en 1970.

Pleine lune

Pourquoi la lune nous semble-t-elle plus petite à son zénith que lorsqu'elle est à l'horizon ?

Nous avons tous un jour observé la pleine lune dans un ciel étoilé. Lorsqu'elle se trouve près de l'horizon, elle semble immense. Plus elle monte au zénith, plus elle semble petite. Notre perception de la taille de la lune est influencée par les objets situés à l'horizon comme les arbres, les maisons ou les collines. Lorsque la lune monte, la comparaison devient plus difficile. La lune semble s'éloigner de nous et donc rapetisser, comme tout objet lointain. En réalité, sa taille ne change pas. Photographiez la lune à l'horizon et à son zénith, puis mesurez-en le diamètre : il est identique.

Folie des grandeurs

Avec quel type de perception joue l'image ?

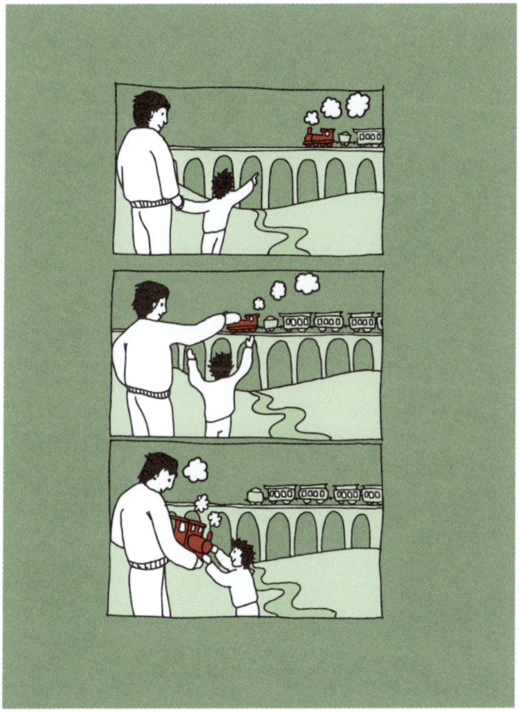

Les personnes et les objets nous semblent plus grands quand ils sont proches que lorsqu'ils sont loin. Nous savons bien qu'une personne ne rétrécit pas quand elle s'éloigne. Mais c'est l'impression que cela donne… De même, un immeuble ne saurait être plus haut que le soleil à l'horizon, pourtant, en raison de la perspective, on peut le voir ainsi. L'image au recto joue avec ce type de perception en tirant parti des mécanismes de la vision.

Jeux de mains

Tendez vos deux index face à face et placez-le de manière à ce que les extrémités se touchent. Levez les mains à la hauteur des yeux, à une vingtaine de centimètres de votre visage. Fixez votre regard sur un point du mur, juste au-dessus de vos doigts. Maintenant, rapprochez doucement les mains de votre visage. Quel phénomène observez-vous ?

Entre vos index apparaît un troisième doigt, doté d'un ongle de chaque côté. Détachez doucement vos doigts l'un de l'autre : le troisième se met à bouger. Mais si vous cherchez à décomposer cette illusion, elle disparaît.

Ça sature !

Regardez les deux croix pendant trente secondes, sans cligner des yeux. Puis regardez une surface blanche. Que voyez-vous ?

Lorsqu'on fixe le regard sur une surface blanche après avoir observé les croix, on aperçoit des points, organisés de la même manière, mais dotés de couleurs complémentaires. C'est l'effet de rémanence.

Ce phénomène est dû à la saturation des cellules photosensibles de la rétine. En effet, lorsqu'elles sont soumises au même stimulus pendant plus de trente secondes, elles deviennent « aveugles » et n'envoient plus de signal au cerveau. Les cellules n'ayant pas été sollicitées continuent à réagir. C'est pourquoi les ronds sont perçus dans la couleur complémentaire.

Dingue de couleurs

Fixez l'arrière-plan des courbes. Maintenant regardez le fond blanc de chaque côté. Que constatez-vous ?

Ces courbes serrées font rayonner leur couleur. Ainsi l'arrière-plan blanc se colore-t-il entre les vagues en vert pastel et en orange pastel.

Pouvoir de l'imagination

Apercevez-vous les ronds au premier plan ?

Alors vous avez de l'imagination ! Parce qu'il n'y en a pas… Notre cerveau s'appuie sur l'expérience selon laquelle un objet placé devant un autre masque ce dernier. Sur cette image, notre cerveau interprète l'espace laissé entre les lignes comme un rond placé devant la ligne.

Bizarre, vous avez dit bizarre ?

Fixez la croix au milieu. Que se passe-t-il ?

Bizarrement, les ronds de couleur disparaissent peu à peu et il ne reste plus que la croix noire sur le fond gris.

Le blivet

Combien comptez-vous de dents ?

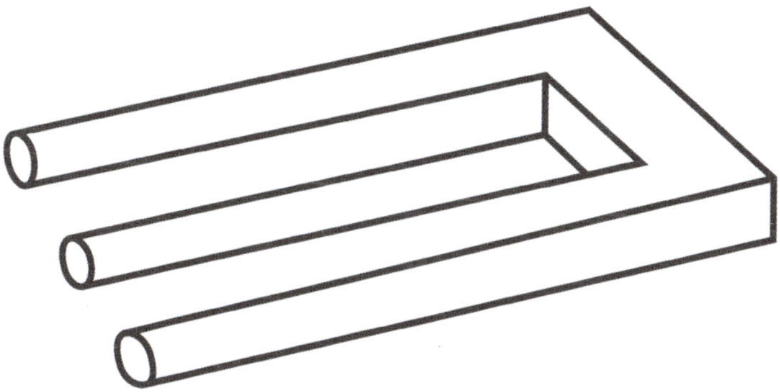

Le blivet est une figure indécidable aussi appelée « trident à deux dents », « fourche du diable » ou « la chose à trois jambes ». Vous l'aurez compris, il est impossible de décider si l'on compte trois ou deux dents !

Le cube impossible

Combien d'arêtes comptez-vous ?

On compte bien 12 arêtes la figure est donc incohérente !

Centrifuge

Parcourez la carte des yeux, que se passe-t-il ?

Les centre gris se mettent à briller au fur et à mesure que nos yeux parcourent la carte. Nos yeux et notre cerveau tentent d'organiser l'image de façon à identifier un motif précis. Parce qu'ils ne parviennent pas ici à organiser les traits en une seule et même structure, ils distinguent différents groupes. Dans chacun de ces groupes, nos yeux cherchent des centres possibles, d'où l'impression d'éclats lumineux.

illusions artistiques

Ces illusions ne proviennent pas d'erreurs d'interprétation du système visuel humain. Elles sont dues à des indices trompeurs, dont le but est d'induire notre œil en erreur. Lorsque nous percevons une image pourtant inconnue pour notre cerveau, mais ressemblant fortement à une image déjà vue, le cerveau l'interprétera mal. En effet, l'image que notre cerveau a au préalable enregistrée est différente de celle qu'il perçoit. Voilà pourquoi les illusions d'optique ne sont pas perçues de la même manière chez chaque individu, chaque expérience, culture ou vécu étant différent d'une personne à l'autre.

Le Printemps

Vous voyez le portrait d'un jeune homme ?

Le visage se compose de boutons de rose, de pivoines, de muguet, de pissenlits, de fraises des bois et de marguerites. L'adolescent représenté porte une ancolie en guise de boucle d'oreille.

Le Printemps a été réalisé en 1573 par l'italien Giuseppe Arcimboldo, peintre maniériste de la fin de la Renaissance. Il est particulièrement connu pour ses « têtes composées », représentant à la fois un portrait et une nature morte (fruits, légumes, poissons, des animaux ou même des livres). *Le Printemps*, premier tableau de la série des *Saisons*, en est un célèbre exemple.

L'art de la tache

Que distinguez-vous ?

Quelques taches seulement. Mais une fois que vous aurez discerné les deux vaches tournées vers l'observateur, vous ne cesserez plus de les voir !
Dans la plupart des images habituelles, les silhouettes se détachent nettement du décor. Celle-ci a atteint un tel point d'abstraction que l'on ne voit plus que des taches noires et blanches. Elles sont si mélangées qu'elles semblent pouvoir faire partie tant de la silhouette que du décor. En faisant preuve d'un peu de créativité, on aperçoit un grand nombre de formes possibles. Mais sitôt que l'on reconnaît une forme, il est pratiquement impossible de retrouver ce que l'on voyait précédemment.

La jeune et la vieille

L'une des plus célèbres illusions d'optique.

Sur cette image, on peut voir une jeune femme qui détourne le regard. Si l'on prend son menton pour faire un nez, on distingue alors une vieille femme de profil. La plupart des individus voient d'abord la jeune femme.
Cette caricature, publiée dans un magazine en 1915, s'intitule « Ma femme et ma belle-mère ».

Jeu d'enfants

Combien dénombrez-vous d'enfants ?

Il y a deux possibilités : soit vous comptez les têtes, et il y en a cinq ; soit vous comptez les corps, et il y en a dix.

Pas à pas

Regardez cet éléphant en vous concentrant sur ses pattes.
Que fait-il ?

N'avez-vous pas l'impression que cet éléphant est en train d'avancer ?

Sara NADER

Que voyez-vous sur ce dessin ?

Il y a deux réponses possibles. Soit vous distinguez un saxophoniste soit vous voyez le visage d'une femme.
Le psychologue Roger Shepard a créé cette illusion d'optique en 1990 et l'a nommée « Sara Nader ». Il s'agit d'un jeu de mots avec le prénom « Sara » et le mot « sérénade ». Une sérénade se joue la nuit sous les fenêtres d'une personne que l'on veut séduire, n'est-ce pas ?

Le baiser

Que voyez-vous sur ce dessin ?

Il y a deux réponses possibles. Soit vous voyez une femme regardant l'observateur, soit vous devinez un couple en train de s'embrasser.
C'est une réalisation de l'artiste américain Jerry Downs.

Image ambiguë

Quand vous vous approchez de l'image, la scène change.

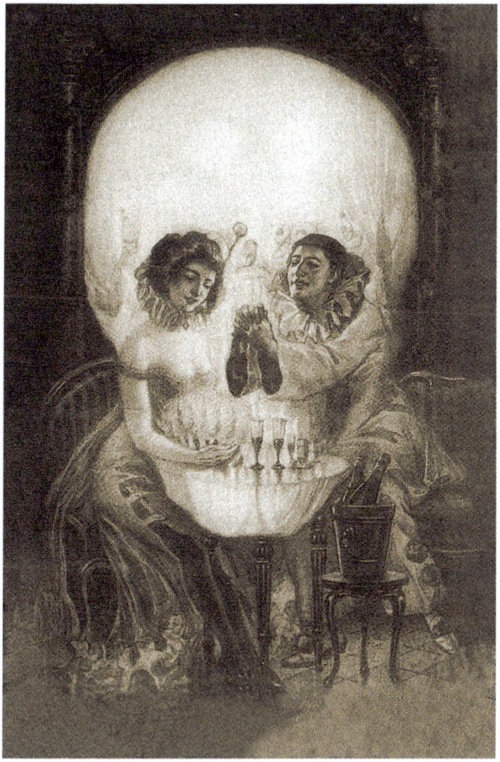

Au début, vous apercevez un couple d'amoureux assis à une table. Soudain, on devine le sens caché de la scène : à l'arrière-plan, c'est la mort qui guette. De nombreux artistes ont tiré parti de ces images ambiguës pour confronter le spectateur à des sens multiples.

C'est louche...

Il y a quelque chose de louche, non ?

Vous voyez deux portraits : l'un des personnages regarde au loin, l'autre fixe l'observateur. Pourtant, en étudiant ces portraits de près, vous constaterez que les yeux sont exactement les mêmes !

L'Été

Fruits et des légumes de saison servent à nouveau de base à la composition.

L'Été est le deuxième tableau de la série des *Saisons* d'Arcimboldo. Il a été peint en 1573. Giuseppe Arcimboldo n'était pas seulement peintre, mais également créateur de costumes, musicien et ingénieur. Appelé à la cour de Prague en 1570, il y a ainsi orchestré des défilés princiers, des fêtes de couronnement et de superbes mariages, tout à la gloire de l'empereur Maximilien.

Qu'est-ce que c'est ?

On voit clairement une figure noire qui se détache sur un fond blanc.

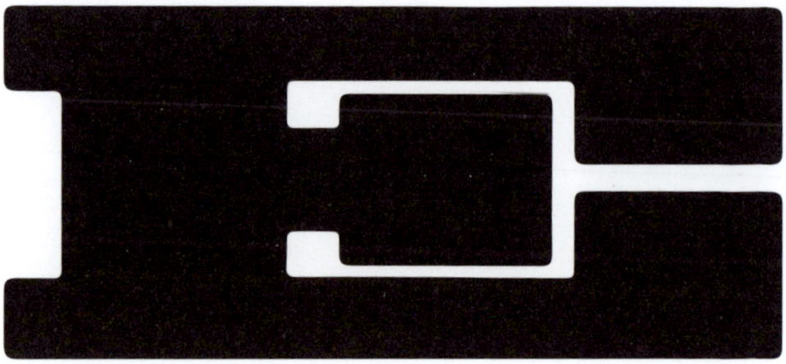

En y regardant de plus près, on reconnaît facilement la lettre E. Une fois que l'on a décrypté l'image, il devient difficile de ne voir qu'une simple figure, comme au départ. La lettre E nous saute aux yeux. Ce phénomène, à la base du dessin devinette, repose sur notre perception du premier plan et de l'arrière-plan.

Vélo déformé

Observez l'image.

Certaines figures ne retrouvent leurs proportions normales qu'à un certain angle de vue : ce sont des anamorphoses. Dans cet exemple connu, le vélo déformé vu de haut et de près retrouve sa forme grâce à l'effet de perspective. Le même effet est utilisé pour les limitations de vitesse et autres signes peints sur le sol.

Victoria

Si l'on retourne cette carte portant le mot « Victoria », on lit étonnamment le même mot : « Victoria ».

Les figures graphiques lisibles dans plusieurs sens s'appellent des ambigrammes.

Qui se cache ici ?

Que voyez-vous ?

Même s'il est bien difficile de le repérer tout de suite, parmi les taches, se cache un Dalmatien.

Vanité

Voyez-vous un crâne ou une femme devant sa table de maquillage ?

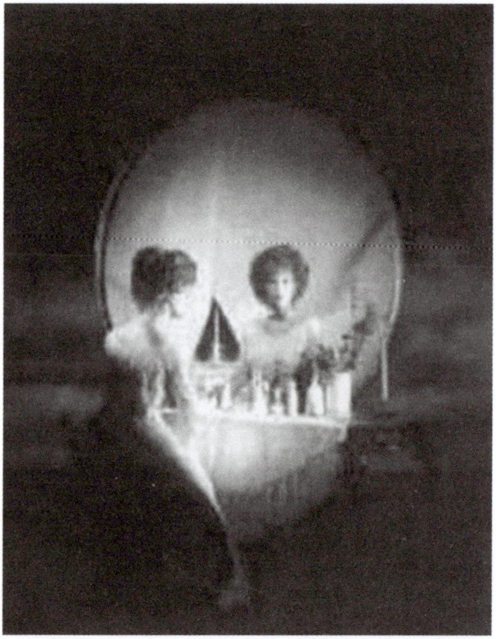

Ce dessin intitulé « Tout est éphémère » date du début du XXe siècle et reprend le thème de la vanité des natures mortes. Si l'on ne se concentre pas sur l'image, la tête de mort est plus marquée et on la discerne mieux que la femme devant son miroir.

Doigt ou chat ?

Tout dépend de l'angle de vue.

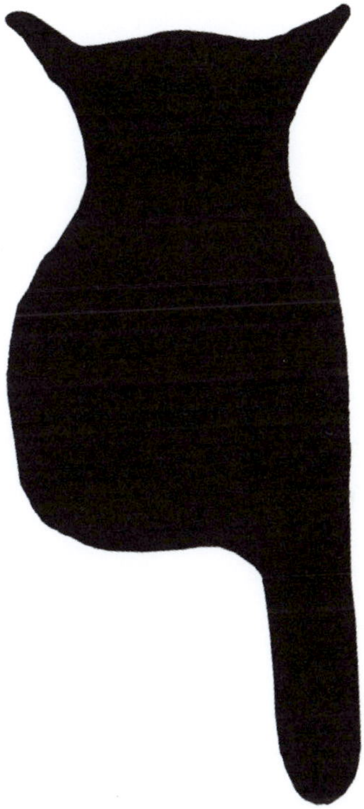

Ce doigt pointé vers le haut se transforme en chat si vous tournez la carte dans l'autre sens.

Vase ou visage ?

**Un classique parmi les illusions d'optique.
Que voit-on : un vase ou deux visages ?**

En fait, les deux impressions sont aussi fortes et alternent. On voit ainsi tantôt un vase tantôt deux visages selon ce que notre œil fait apparaître en arrière-plan ou au premier plan.
Cette image double remonte à 1915.

Caractère mystère

Ce caractère signifie « Chine » en chinois.

Il suffit de faire pivoter le livre de 90° vers la droite. Cet ambigramme a été imaginé par des sinologues de l'université du Michigan.

L'ampoule

L'ampoule noire semble s'éclairer.

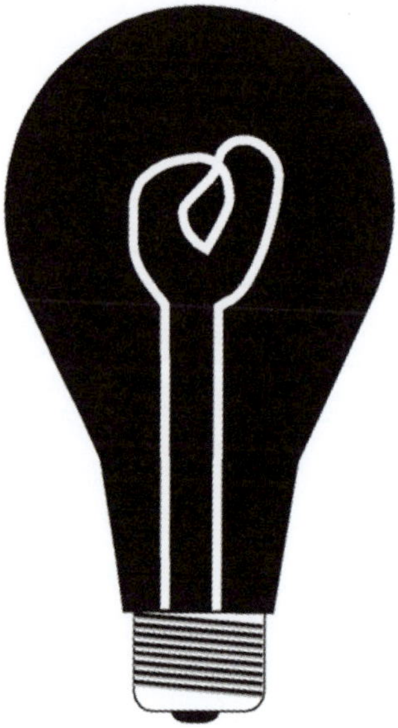

Cet effet porte le nom de « reproduction négative ». Il est d'autant plus marqué qu'il fait clair et que l'on regarde l'ampoule longtemps. On peut prolonger l'effet en clignant des yeux. Le phénomène est identique lorsque l'on fixe le soleil pendant trop longtemps : tout ce qui est clair semble alors temporairement foncé.

Portrait de famille

Ce dessin rassemble tous les membres d'une famille : le père, la mère et la fille.

Le père a un gros nez et une moustache, la fille porte un col de fourrure et la mère a le menton pointu et un nez plutôt fort. Vous les avez tous repérés ? Ce dessin a été imaginé par un psychologue en 1968.

Oiseaux ou antilopes

On voit ici comment de petites modifications peuvent changer notre perception.

Bien que ces deux dessins soient quasiment identiques, on voit une nuée d'oiseaux en haut et un troupeau d'antilopes en bas. Ou inversement…

Animal

Tenez le livre à l'horizontale, son bord inférieur face à vous, de telle sorte qu'il forme un angle de 90° avec votre visage et que vous ayez vue sur le dessus de la page. Que voyez-vous ?

Vous découvrirez alors un zèbre et un texte lisible. Ces dessins déformés, dont vous ne pouvez voir la « vraie » forme que sous un angle différent, sont des anamorphoses.

L'Automne

C'est la période des récoltes. On y reconnaît des fruits et légumes typiques de l'automne, comme le raisin, la citrouille et les châtaignes.

L'Automne est le troisième tableau de la série des *Saisons* d'Arcimboldo. Giuseppe Arcimboldo est né vers 1527. Nulle trace écrite de sa naissance n'a été retrouvée ; elle a été estimée à partir de son certificat de décès, daté de 1593 et mentionnant l'âge du défunt (66 ans). Arcimboldo est issu d'une famille de religieux, de juristes et de peintres (son père). Père et fils ont travaillé ensemble entre 1549 et 1558 pour la réalisation des fresques de la cathédrale de Milan. Giuseppe Arcimboldo doit sa célébrité à ses qualités de portraitiste.

Clown

Fixez bien cette image. Outre le clown, que voyez-vous d'autre ?

Faites pivoter le livre de 45° et vous pourrez distinguer tous les autres artistes du manège animé du cirque.

Apparition

Prenez une feuille de papier blanc. Fixez pendant environ 30 secondes le point noir de l'image, si possible sans cligner des yeux. Regardez maintenant la feuille de papier blanc, puis clignez des yeux. Que constatez-vous ?

Vous pouvez sourire à la dame qui apparaît sur la feuille : La Joconde au mystérieux sourire. Vos yeux transforment l'image négative en image positive. Cette image transformée est une reproduction.

Est-Ouest

Quel oiseau voyez-vous dans le ciel et dans quelle direction vole-t-il ?

S'agit-il d'une oie qui s'envole vers l'est ou d'un faucon qui part vers l'ouest ? Les deux sont vrais !

Lièvre ou canard ?

Selon que vous regardez la page à l'endroit ou à l'envers, vous pouvez discerner un canard ou un lièvre.

Bien équipé

Voyez-vous des ustensiles de cuisine blancs ou noirs ?

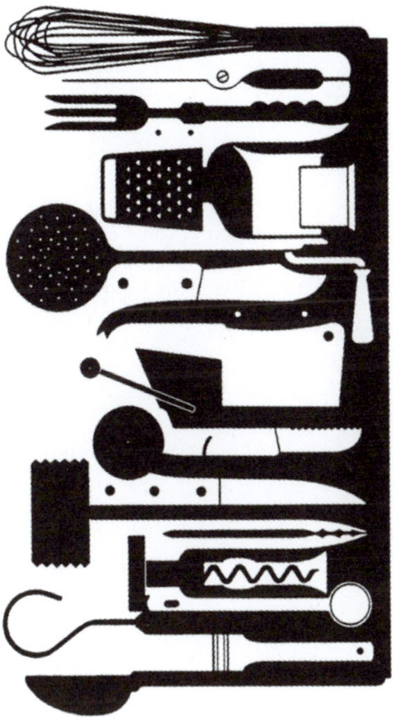

Ils diffèrent en fait selon la couleur que vous fixez en arrière-plan.

Le mystérieux personnage

Voyez-vous ici des bouts de papier éparpillés ?
Concentrez-vous bien. Pouvez-vous distinguer autre chose ?

Il y a un cavalier sur son cheval. Notre perception est orientée par les dessins que nous connaissons. On discerne ainsi des formes concrètes dans des images abstraites (par exemple, dans les nuages qui se forment dans le ciel).

Instrument mystère

Au premier plan, vous devinez à peine un piano, contrairement à la vision que vous offre le miroir.

Cette œuvre montre l'importance de l'angle de vue dans la perception de l'environnement. Rien d'étonnant donc à ce que chacun interprète les événements à sa manière et que nos souvenirs d'un même fait soient si différents. Ce piano a été fabriqué par l'artiste japonais Shigeo Fuduka. La photographie est issue de la collection privée de Roger Zenner.

Chevaux persans

**Voici une illustration persane du XVIIe siècle.
Combien comptez-vous de chevaux ?**

Tout dépend : si on compte les têtes, il y en a quatre. Si on compte les pattes, il y en a douze !

Ça monte ou ça descend ?

Impossible, n'est-ce pas ?

Cette œuvre est en effet un jeu de perspectives destiné à embrouiller l'observateur !
L'artiste Maurits Cornelis Escher (1898-1972), maître incontestable de l'illusion d'optique, a porté l'art de la perspective paradoxale à son paroxysme.

L'Hiver

On découvre sur cette image un vieil arbre noueux, couvert de lierre et de champignons.

Si c'est le portrait d'un homme qui nous saute aux yeux, c'est parce qu'il nous est plus familier. Notre imagination transforme l'arbre en visage humain. Ce genre d'allégories est caractéristique de l'art maniériste. *L'Hiver* est le quatrième et dernier tableau de la série d'Arcimboldo.

Vie de couple

Quelle scène ce tableau représente-t-il ?

Ce tableau allemand du XIXe siècle a été commandé par un mari exaspéré. Selon la manière dont on accroche le tableau, il représente un couple souriant ou un ménage en guerre. En regardant de près, le couple souriant semblerait presque plus jeune. Un joli clin d'œil à tous les amoureux !

Moulins à vent

En observant cette image, qu'apercevez-vous ?

Un portrait de Don Quichotte ou un tableau le représentant aux côtés de Sancho Pansa, son compagnon d'aventures, traversant un paysage de visages effrayants et de moulins à vent ? Qui ne connaît pas Don Quichotte ? Le passage le plus connu de ses aventures est celui de son combat contre les moulins à vent, qu'il prend pour des géants. Il perd le combat et impute sa défaite à des forces maléfiques.
L'expression « se battre contre des moulins à vent » vient de là…

Napoléon

Cette gravure représente la tombe de Bonaparte à Sainte Hélène. Son âme rôde toujours… L'avez-vous repérée ?

Non ? Alors regardez bien… Là, entre les arbres, dont les contours dessinent sa silhouette. Cette gravure a été publiée peu après la mort de Napoléon.

Persistance rétinienne

Observez l'image du haut pendant une trentaine de secondes, sans cligner des yeux, si possible. Puis regardez l'image du bas. Que se passe-t-il ?

On dirait que la jeune femme rougit !
Ce phénomène de rémanence est dû à la saturation des cellules photosensibles. Lorsqu'elles sont soumises au même stimulus pendant trente secondes ou plus, elles deviennent « aveugles » et n'envoient plus de signal au cerveau. Ici, les cônes responsables de la perception de la couleur rouge dans la zone correspondante de la rétine ont été saturés et sont donc « fatigués ». Quand le regard se porte ensuite sur une surface blanche, la zone correspondante est perçue dans la couleur complémentaire, ici, le vert, jusqu'à ce que la rétine se réadapte. Les cônes de la couleur rouge qui n'ont pas été sollicités continuent à réagir. C'est pourquoi le visage semble rougir.

Le sourire de la Joconde

Vous avez immédiatement reconnu la Joconde, même s'il ne s'agit pas du véritable portrait. Son sourire fascine les observateurs depuis des siècles. Est-elle vraiment heureuse ? Pour le savoir, retournez le livre !

Comme nous ne sommes pas coutumiers des portraits à l'envers, nous ne remarquons pas de prime abord qu'il y a une petite erreur – surtout que la Joconde nous regarde en souriant, comme à l'accoutumée.
Cette illusion prouve que la reconnaissance d'expression du visage ne fonctionne que si le visage adopte une position habituelle.

Anamorphoses

Lisez le mot écrit ci-dessus, faites pivoter la carte de 180 degrés, puis lisez ce que vous voyez.

Elle est visible en observant le tableau à plat, de la droite. Une image déformée par un procédé optique et pouvant être recomposée lorsqu'elle est observée d'un point de vue préétabli est une « anamorphose ».
Ce terme est issu du grec *anamorphoun* signifiant « transformer ». Ce procédé était utilisé à des fins diverses, pour les fresques de plafond, par exemple, et pour transmettre des messages cachés. Dans ce cas, les images ont été déformées de manière à n'être visibles que dans un miroir ou par un changement de l'angle de vue de l'observateur. Dès le Moyen Âge, cette technique a été utilisée pour représenter des scènes érotiques notamment.

Sans frontière

La frontière entre la partie supérieure et la partie inférieure de l'image est bien nette, n'est-ce pas ? Placez maintenant un crayon sur la ligne d'horizon. Que se passe-t-il ?

La frontière disparaît et vous n'apercevez plus qu'une couleur homogène, de haut en bas. Les deux blocs de couleur sont soumis à un léger dégradé de tons, visible au niveau de l'axe central où il constitue une séparation entre les deux blocs. Quand vous masquez cette limite claire, les couleurs se mêlent en une teinte uniforme.

Ambigramme

Lisez le mot écrit ci-dessous, faites pivoter le livre de 180 degrés, puis lisez ce que vous voyez.

Cet étrange phénomène est un « ambigramme », largement connu du grand public depuis la publication du best-seller *Illuminati* de Dan Brown. « Ambigramme » vient du latin *ambo*, « deux », et du grec *gamma*, « écriture ».
Un ambigramme est la figure graphique d'un mot ou d'un symbole qui, observé avec une certaine rotation ou sous une certaine symétrie (souvent une rotation à 180 degrés), donne à voir soit le même mot, soit un autre mot.
Les ambigrammes *True False* et *Illuminati* ont été créés par l'artiste américain John Langdon. Si vous avez lu *Illuminati* de Dan Brown, il ne vous a sans doute pas échappé que le héros du roman s'appelle Langdon, comme l'inventeur des ambigrammes.

La Princesse

Observez l'image dans un sens, puis dans l'autre ; que voyez-vous ?

La jolie princesse laisse place à un vieil homme !